《新续嘉兴藏》编纂委员会 编

新续嘉兴藏·

苇溪行森禅师楚云明慧禅师合卷

SSAP
社会科学文献出版社

新纂嘉兴藏·茆溪行森禅师發吉明慧禅师合录

《新纂嘉兴藏》编纂委员会 编

社会科学文献出版社

序言

编者

儒释道思想是中国传统文化的主要组成部分。三家思想都通过经典著作的结集与传播而得以代代相传，比如儒家的十三经，释家的《大藏经》，道家的《道藏》。整理、结集与出版相关著述，是中国传统文化薪尽火传的重要途径。

二十一世纪，国与国之间有合作，也有竞争。如何在与其他人类文明成果交流互鉴中寻求更新与发展，进而增强民族文化自信，是我们这一代人面临的重大课题。

中共中央办公厅、国务院办公厅在二〇一七年一月下发的《关于实施

序言

中共中央办公厅、国务院办公厅在二〇一七年一月下发的《关于实施

入面临的重大课题。

成果交流互鉴中华未来更新与发展，进而增强民族文化自信，是我们这一代

二十一世纪，国与国之间有合作，也有竞争。如何在与其他人类文明

的重要途径。

道家的《道藏》。整理、结集与出版相关著述，是中国传统文化薪尽火传

作的结集与传播而得以代代相传，比如儒家的十三经，释家的《大藏经》，

儒释道思想是中国传统文化的主要组成部分。三家思想都通过经典著

编者

明代著名思想家、嘉兴名贤袁了凡先生倡议，一代名僧紫柏主持刊刻。其
册藏》，是中华大藏经诸版本中规模最为庞大、内容最为丰富的一种。由
兴藏》释家经典续集事业的继承与发展。《嘉兴藏》又名《径山藏》《方
《新续嘉兴藏》是《嘉兴藏》的延续。《新续嘉兴藏》的编纂是对《嘉
教典籍整理出版项目。
教协会原会长觉宗法师统领编纂，慧拙居士与一增居士负责具体事务的佛
这一背景下，由嘉兴市民族宗教事务局原局长陈国华先生倡议，嘉兴市佛
定制度。加强中华文化典籍整理编纂出版工作」。《新续嘉兴藏》就是在
施国家古籍保护工程，完善国家珍贵古籍名录和全国古籍重点保护单位评
中华优秀传统文化传承发展工程的意见》中指出：各地区、各部门要「实

中华优秀传统文化传承发展工程的意见》中指出：各地区、各部门要『实施国家古籍保护工程，完善国家珍贵古籍名录和全国古籍重点保护单位评定制度，加强中华文化典籍整理编纂出版工作』。《新续嘉兴藏》就是在这一背景下，由嘉兴市民族宗教事务局原局长陈国华先生倡议，嘉兴市佛教协会原会长贤宗法师统领编纂、慧拙居士与一增居士负责具体事务的佛教典籍整理出版项目。

《新续嘉兴藏》是《嘉兴藏》的延续，《新续嘉兴藏》的编纂是对《嘉兴藏》释家经典结集事业的继承与发展。《嘉兴藏》又名《径山藏》《方册藏》，是中华大藏经诸版本中规模最为庞大、内容最为丰富的一种。由明代著名思想家、嘉兴乡贤袁了凡先生倡议，一代名僧紫柏主持刊刻。其中，紫柏的弟子密藏道开与幻子法本做出了重大贡献。作为现存大藏经中第一部线装方册本，计《正藏》二百一十函，《续藏》九十函，《又续藏》四十三函，二千九十部，一万二千六百余卷。该藏除了改历来佛教典籍沿用的经折式装帧为轻便的线装书册式，还在《续藏》和《又续藏》中收集了大量的藏外著述，包括疏释、忏仪、语录等，具有重要的文献价值。《嘉兴藏》的主体，由明万历年间至清康熙年间几代僧人陆续刊刻而成。康熙之后，虽有零星刊刻，但已属余流。从康熙末年至今，已近三百年了。这近三百年间，高僧大德迭出，释家著述也不断涌现。今逢国富民强，先贤的德业我们理应继承并发扬光大。编撰《嘉兴藏》的续集，也成为新时代文化建设的重要课题。

中。紫柏的弟子密藏道开与幻予法本做出了重大贡献。作为现存大藏经中第一部线装方册本。计《正藏》二百一十函，《续藏》九十函，《又续藏》四十三函，二千九十部，一万二千六百余卷。该藏除了改历来佛教典籍沿用的经折装为方册线装，还在《续藏》和《又续藏》中收集了大量的藏外著述，包括注疏、释论、仪轨、语录等，具有重要的文献价值。

《嘉兴藏》的主体，由明万历年间至清康熙年间八代僧人陆续刊刻而成。康熙之后，虽有零星刊刻，但已属余流。从康熙末年至今，已近三百年了。这近三百年间，高僧大德迭出，释家著述也不断涌现。今逢国富民强，先贤的德业，我们理应继承并发扬光大。编撰《嘉兴藏》的续集，也将为新时代文化建设的重要课题。

今天，我们整理编纂《新续嘉兴藏》，即是赓续《嘉兴藏》的宏伟事业。把《嘉兴藏》之后近三百年来的释家著述，语录及高僧大德传记，按照年代顺序，以结集的形式陆续整理出版，以此延续释家文化命脉，也将有助于我们当代的文化建设，也将有助于中华文明与人类文明的对话交流，也必将增加中华民族的文化自信，为人类命运共同体的构建做出更大贡献。

今天，我们整理编纂《新续嘉兴藏》，即是赓续《嘉兴藏》的宏伟事业。把《嘉兴藏》之后近三百年来的释家著述、语录及高僧大德传记，按照年代顺序，以结集的形式陆续整理出版，以此延续释家文化命脉，必将有助于我们当代的文化建设，必将有助于中华文明参与人类文明的对话交流，也必将增加中华民族的文化自信，为人类命运共同体的构建做出更大贡献。

整理说明

茆溪行森（一六〇三—一六六七），清初著名禅师玉琳禅师之弟子，因其说法深得顺治皇帝之心，顺治皇帝曾请茆溪行森禅师为其理发，希望能随其剃度出家，所以人赞其『大清国里度天子，金銮殿上说禅道』。

《大清一统志》载：『行森号茆溪，博罗黎氏子。受法于玉琳琇，居杭州龙溪庵。顺治中随师至京，名对称旨。留京数年，世祖欲封为禅师。行森以师弟不敢并受封号，力辞后，还龙溪。所著语录识见超卓。雍正十一年，追封明道正觉禅师。』

上文云『行森以师弟不敢并受封号』，其意为：行森作为玉琳禅师的弟子，不敢与师父玉琳禅师并列接受皇帝所赐的封号。从中可以体会行森禅师其

禅宗第一代。

大觉禅师（即玉林通琇禅师）传箬庵行森，后数代有天慧彻，而近世者是

从法脉源流来看，第一谱编委会做了如下考订梳理：

本书参考来源有虚云大师重辑的《禅宗道影》中有关茆溪明慧禅师的记述。师有法子名行正号箬室，行正号箬室有法子名超云明慧。

超云明慧（一六六四—一七三五）为箬溪行森禅师之法子。箬溪行森禅语录》（浙江图书馆藏本）、浙江香海禅寺临济法系而正之。之源。今据《乾隆大藏经》及首都图书馆所藏刻本《敕赐圆照箬溪森禅师

[illegible]箬溪行森禅师。其前有[illegible]介绍箬溪行森禅师者，箬溪[illegible]语录及其它编年，又及雍正皇帝御选语录之通，有在入藏时原本各书籍等。

品格是多么谦逊，处处注意体现尊师之道，为世人树立了良好的榜样。

关于茚溪行森禅师，此前资料多有写作茆溪行森禅师者，茆实为茚之误，今据《乾隆大藏经》及首都图书馆所藏孤本《敕赐圆照茚溪森禅师语录》（简称圆照本）、浙江香海禅寺临济法卷而正之。

楚云明慧（一六六四—一七三五）为茚溪行森禅师之法孙。茚溪行森禅师有法子名彤山超宝，彤山超宝有法子名楚云明慧。

本书卷末附有虚云大师重辑的《佛祖道影》中有关楚云明慧禅师的传记。

从法脉源流来看，郑一增编委做了如下专门梳理：

大觉禅师（即玉琳禅师）传栖云行岳，后数代有天慧彻，为近世高旻禅宗第一代。

大觉禅师传行森禅师，后代有形山超宝至楚云明慧，为近代鼓山妙莲觉华传虚云临济正宗一脉之祖。

据行森禅师语录圆照本，行森祖师参禅时，真修实证，从雪峤圆信禅师穷尽隐秘。雪峤公圆寂后，始从大觉禅师，并入朝廷为顺治帝说法。而明慧禅师作为大觉禅师、行森禅师之法嗣，复受雍正帝激赏，诏旨将所传语录收入《龙藏》以示禅宗正法眼藏。

今据浙江香海禅寺临济法卷，以及江西资国禅寺传临济正宗之印，行森禅师为传出鼓山妙莲觉华临济正宗一脉之祖，行森祖师传天目山之形山超宝，形山超宝传楚云明慧，后隐数代，至福经空印传鼓山妙莲觉华，有传法偈曰：『石鼓峰前味若何，通宵路外七星磨。圣箭飞入九重里，四海

制序文慈云明慧禅师语录出自《正续藏经·御选语录·御选当今法会》。此外，显讹误直接以图藏本校改。另，对续藏之外，参校以《中华大藏经》。御

本书底本依据《乾隆大藏经》，以行森禅师语录国图本为校本。刘明轩教授的精况。参今校此本成在带谦行森语录之前，此是前辈所收。「又平一的一重所止」以及雍正皇帝向王琳禅师与谷谦行森「又平一遍」帝本书玉琳禅师语录前所作之序。里面谈古今法语给了玉琳禅师与谷谦行森

又，本书行森语录前所引用之《御制序》，乃雍正皇帝所写。雍正皇自遥示长来门派。

出遥示长来临济一脉，有宝峰一派，另居住中西长来，固由法门领袖皆由请平四海来。一行森，明慧禅师后一百五十余年，刘莲逝复源之，并作

清平四海歌。」行森、明慧祖师后一百五十余年，妙莲觉华复振之，并传出虚云长老临济一脉，有宝峰一诚、云居传印两长老，国内法门领袖皆出自虚云长老门庭。

又，本书行森语录前所引用之《御制序》，为雍正皇帝所写。雍正皇帝本为玉琳禅师语录所作之序，里面恰当地概括了玉琳禅师与茆溪行森『父子』的一生功业，以及顺治皇帝向玉琳禅师与茆溪行森『父子』虚心讨教的情况，如今将此序放在茆溪行森语录之前，也是前缘所致。

本书版本依据《乾隆大藏经》，以行森禅师语录圆照本为校本，对明显讹误直接以圆照本校改。另，对疑难之处，参校以《中华大藏经》。御制序及楚云明慧禅师语录出自《卍续藏经御选语录·御选当今法会》。此次重新整理，为方便读者阅读，对此古籍底本进行断句。楚云明慧语录原无文中标题，整理时据内容添加。另外，凡古体字、异体字、繁体字都改为现在通用的简体字。通假字则一般不作改动。对于原稿中有误之处，采用圆括号（）后跟方括号〔〕的形式标记，圆括号中为原稿有误之处（无校本作为依据的），方括号中为校正后的文字。原稿漏字时亦用〔〕补之。对于不便理解的人名简写视情形补出。对于已、己、巳，戌、戍，剌、刺等古籍常见形近字，据文义录出。鉴于我们的整理水平，讹误之处在所难免，欢迎方家予以指正。

编者（执笔人：叶康乐）

二〇二三年五月五日

明道正觉茆溪森禅师语录 目录

明道正覺森溪禪師語錄目錄

楚云明慧禅师语录 目录

楚石明慧禅师语录目录

后记

明道正觉茆溪森禅师语录

嗣法门人超德等编

明道正觉茆溪森禅师语录

嗣法门人超德等编

御制序

昔黄帝访道于广成子。汤问于卞随务光。古之圣王。其于高世之士。必资其薰习身心。以为宰制万事之本。迨于后世。凡入帝王之门者。功业边事。尚难其人。何况心性边事。从来宗门古德。传灵山之心灯。其中不少大丈夫。而不入帝王之门。其居帝王之位者。悟宗旨者复少。间或浮慕教相。浅识小夫。辄以崇尚异端议之。而其所尊礼之人。多每不足以服世。徒滋疑谤。于是黄帝成汤之美事。不可复见于后世。我朝之初居东土也。风俗淳古，实忠实孝。直心直行。历代敬礼佛天。而于僧道。并无不问高下。一概尊敬之事。与蒙古习尚迥殊。我皇祖世祖章皇帝抚有方夏。万几余暇。与玉琳琇茆溪森父子。究竟心性之学。一时遇合。盖与黄帝成汤之事无二

御製序

昔黃帝訪道于廣成子。而問于不隨念矣。古之聖王。其于高世之士。

必資其薰修身心。以為宰制萬事之本。迨于後世。凡入帝王之門者。功止

邊事。尚難其人。何況心性邊事。以來宗門古德。悟徹此心之人。其中有

少大丈夫。而不入帝王之門。其居帝王之位者。悟宗旨至嚴乎。回故浮慕

教相。次則小乘。雖以崇高尊禮之。而其所尊禮之人。多每不足以服也。

殊議疑謗。于是黃帝政治之美事。不可復見于後世。致朝之相居末上也。

風俗淳古。究竟實學。直心直行。而以教禮佛天。而于儒道。并天下向高下。

一概尊敬之事。古業者引尚近來。教皇顧世。帝王皇帝扶贊古人。命般。

古王琳琅諸議幾乎。究竟心性之源。一時遇合。蓋古帝王政治之事。尤二

无别。非我朝夙有崇僧之习而然也。朕览玉琳琇父子之书。阐扬宗乘之妙旨。实能利人济世。如杲日在空。迷云顿净。如清钟响夜。幻梦旋消。惠当来龙象于无穷。媲从上佛祖而不愧。用是采辑校刊。传示后世。因念帝王访道于高世之士。乃古圣之盛轨。而自昔世儒。每于二氏限量区别。朕不忍将来者之终惛。而不为之剖晰也。故叙其说如左。至于万善殿西苑说法。并奏对机缘。虽载自骨岩侍香纪略。但皆佛法中事。非装点夸张妄谬之说。亦玉琳琇扬日月之光华。作人天之眼目处。尚足取者。故采编数则。敬昭皇祖当日之恩遇云。

雍正十一年癸丑八月朔日

明道正觉茚溪森禅师语录　卷上

上堂

结制。升座。问答毕。师云。放下布袋。快活无匹。闲看猢狲偷吃生铁。阿呵呵。的的的。问甚生前面目。谁论梨花笑日。斋堂有粥有饭。禅和要吃便吃。吃即不无。饱后作么生。夜行莫踏白。下座。

解制。升座。问。正法眼藏即不问。今朝解制句如何。师云。穿山鼻孔破。僧礼拜。师大笑。云。虽然和盘托出。却是大段不同。琅琊禅师道。本来无一物。厌杀天下人。直饶便分明。坐在粪坑里。作么生是透脱一路。妙音观世音。梵音海潮音。众兄弟。朝看东南。暮看西北。近世双笛从羌。

妙音觀世音。梵音海潮音。欲見華。須彌東面。須彌西北。近世女當以是。

本來無一物。瓦冷天下人。直饒說得分明。也須落在葛藤裡。爭似本色道眼一路。

見成。僧禮拜。師大笑。云。你與我盡情說出。都是大頭不過。便打禪師道。

解制。升座。問。正法眼藏即不問。今朝解制事如何。師云。一字山畢。

此聲色。即不無。從前作么生。夜行莫踏白。下座。

何可何。的的的。問真生前面目。請放與眾看。師云。有法有說。舉拂子云。

結制。升座。問答罷。師云。放下布袋。快活無比。問看湖裡論生鉄。

上堂

明道正覺森禪師語錄卷上

侊饭不及壶食。下座。

报恩元旦。秉拂。僧问。古德道。清光照眼尚迷家。明白转身犹堕位。且止。请问报恩。意作么生。师云。数点梅花报晓春。进云。恁么则月明帘外家风古。宝镜堂前瑞气新。师云。且站过。问。灵山记莂则不问。今朝分座事如何。师云。孤鸿呖呖。进云。龙象云臻。乞慈再示。师云。野鹤穿云。进云。点开碧眼。水到渠成。毕竟思归何地。师云。不许物外安身。进云。恁么则水接长天远。春光遍界新。师云。巡照去。问。物有新旧。拄杖子还有新旧也无。师云。老鸦乱叫。进云。今古顿超圆智体。何山松柏不青青。师云。截断葛藤。进云。谢师答话。师云。今日且放过。问。几点梅花逞春来。那里来。师云。人笑你。进云。数声爆竹催腊去。那里去。师云。羞也不识。进云。去来且止。卉木咸新。又作么生。师云。转见转见。进云。一天佳气。万象腾辉。师云。望烟寻食地。一僧出。呈数珠。云。这个依旧一百八。请师点出新鲜句。师云。先寒星斗少。进云。不会。师云。切忌五更初。又进云。不会。师便打。进云。从今更不疑。师云。错认焰皮家。问。举足动步则不问。新年接新令句作么生。师云。贵货易土。僧礼拜。师云。今日行森承老人命。为众敷扬。适才一问一答。祗恐错会。敷点梅花报晓春。一声爆竹催残腊。不许物外安身。谁论老鸦乱叫。嗟嗟多少人。望烟寻食地。错认焰皮家。呵呵。先寒星斗少。切忌五更初。咄。孤鸿呖呖。野鹤穿云。新年新令。贵货易土。众兄弟。六桥近日水仙花。十字街头铁拐李。卓拄杖。云。珍重。

上堂问答毕。师乃云。行脚须具眼。参禅要识句。大众识得句也未。适才答僧云。是柱不见柱。咦。非柱亦不见。柱既然是非都去了。因甚又说是非里荐取。汝等诸人作么生荐。莫是云日能催晓、风光不惜年么。莫错会好。幸逢征客尽。归在落花前。切忌颟顸佬侗去。所以古德云。至道无难。唯嫌拣择。桃花红。李花白。谁道融融只一色。诸禅德。瞥不瞥。一夜东风吹散枝头残雪。会么。老祖殿前。梵王宫阙。双峰灯放。九天风月。燕子语。黄莺鸣。谁道关关只一声。不透祖师关棙子。空认山河作眼睛。咄。冷的冷。热的热。粥锅西边底。莓苔裹石碣。良久。喝一喝。云。歇。如今是什么时节。师大笑。曳杖下座。

两序请升座。师竖拂。云。一群子上来。一群子下去。残梦五更钟。

落花三月雨。合掌低头换步时。进前退后翻身处。有利有害。人无远虑。归到故乡还似客。布谷催耕鸣别树。叉手句。可惜许。一切數句非數句。打一拂。云。去。下座。问。学人道眼不明。未审什么碍。师云。几时立春。僧云。昨日二十三。师云。怪我作么。

小年上堂。师曰。诸禅德。适才问。短草含金腊。请师法雨施。又问。今晚小年尽。钟中无鼓响。还知答第三要、金吴溪上树么。寂历历。炜煌煌。一入荒郊便夕阳。私通车马时。句前句后。切须防浪迹。莫言难问讯。谁论殿角露堂堂。咄。语路处灭。游人多在客僧房。流通千古者。不是五通光。第一要。第二要。大开宝藏。火里冰霜。打一拂。曰。楼阁门开也。善财童子在何方。好笑。开路神挺身丈八长。切忌破钱买破纸、过后始思量。

大富貴。從人心所願。問。千年荷葉今始開。入天無所是主由。奈何是花。
近大光焉。問。春雞鳴處。洪山險阻。家可憑家。乞藥水偷。師曰。這漏。
師。師曰。天不高。地不深。曰。一收放開千洞月。三塔未歸五湖烟。師曰。
師曰。又是春風。曰。枝頭未生兮大。法雨已降。神通於用處。法水無深。
春雨生乎啼。上堂。僧問。如何是道。撒齒分流。不落古今。請師說偈。
富貴是人家未識。卓拄杖。下座。
大雄山總持。示衆上堂說的是甚麼東西。五七三十五。三九二十七。阿呵。
露無。天下各守誰信家。請祥典。看不著。師拈拂子入十方。曰。他是入家處。
總持。上堂示曰。大雄禪寺開禪。師乃金銀鐵錢。無聲冷箇風處。石
磊一磊。

喝一喝。

结制。上堂乃曰。大雄新开炉鞴。镕尽金银铜铁。那管你寒风起。白露垂。天边客子湿征衣。诸禅契。知不知。虾蟆练桥人下棋。昌化县人织丝。大雄山结制。长老上堂说的是甚么东西。五七三十五。三九二十七。呵呵。富阳县人卖木蜜。卓柱杖。下座。

老祖开炉。上堂。僧问。双峰插汉。截断众流。不落古今。请师别唱。师曰。又是新闻。曰。祇如未出方丈。法雨已降。神通妙用耶。法尔如然耶。师曰。天不高。地不远。曰。一杖拨开千涧月。三盂收尽五湖烟。师曰。近火先焦。问。老祖狐危。关山险阻。实可悲哀。乞慈方便。师曰。这场大富贵。凭人心所愿。问。千年炉鞴今始开。人天共听无生曲。如何是无生曲。师曰。当官莫近前。问。轻风拂月宝华开。如何是宝华中事。师曰。白马紫金鞍。曰。考鼓击钟。师登宝座。意旨如何。师曰。且莫颠倒乱。僧礼拜。师乃曰。适才新闻。普告众贤。谁道关山险峻。截断众流。天不高地不远。这场大富贵。凭人心所愿。卓杖。云。切忌未生前。你又如何看。好笑。颠倒者闯破馊粥罐。且莫闷。且莫乱。白马紫金鞍。骑出万人看。咄。现成公案。下座。

老祖开池。上堂。乃曰。万仞双峰存古寺。祖风千岁复重新。春日好。趁良辰。开池待月蓄金鳞。风暖竹随松影舞。紫云端里黑龙吟。须着力。莫因循。同心振起旧家声。咦。莫错听。下座。

开中山。上堂。师竖拂。曰。诸上士到这里莫懈怠。万物因人成胜概。

竹开三径候贤行。中山深邃无尘碍。屐齿脱。心畅快。怪石松关如有待。四顾山光接水光。别是壶中闲世界。个中无处不清凉。老祖心传千古外。溪一带。云叆叇。大好家风在。拂一拂。下座。

腊八。上堂。师拈拄杖。曰。前山才解松根雪。后台又挂梅梢月。说向诸禅人。醒醒开眼听。明星现时。世尊悟道。明星几时不现。一僧出。师便打。僧茫然。师笑曰。世尊不覆藏。达磨不慎初。洞庭湖。鄱阳湖。说甚么梅放雁声狐。谁论锦上又花铺。呆禅客。九江人。爱学姑苏。姑苏城外阊门市。家家年到贴神符。老祖山头真好笑。两堂贤圣嘴蛮粗。下座。

起华严期。上堂。师卓杖。曰。华严法界相。一切若空花。咦。也难话。南无观世音菩萨。岭树江云别路赊。大众。未到故乡都是客。文殊师利法王子。

忽闻乡语似还家。普贤老大士。亏了你过辛苦。镜里明朝鬓有华。善财童子。落日流红浪。龙女哥哥。因甚长江徙白沙。请问毗卢遮那佛。昔日赵州悬足井中。叫曰。相救相救。南泉呼曰。一二三四五。是甚么道理。良久。云。圆照今朝总说破。日近长安远。日远长安近。下座。

开龙溪。上堂。师竖拂子。曰。荡荡乎。表表地。梁横栋直。法法全彰。喝一喝。有天有地。来几个眼睛活。一僧拟出。复缩退。师笑。曰。一任襟怀倒峡、越样生机。到这里。只得退身三步。是则是。茆溪也不担板。今日八字打开。拂一拂。复大笑。曰。南面北风凉。下座。

钦赐归圆照。结制上堂。拈香祝圣毕。师曰。今日开炉。用报皇恩。竖拂子。曰。大众。三五一十五。把定绳头数。翻来覆去看。乡谈因甚吐。

聖節乎。曰。大千。三五一十五。青天霹靂數。露未藏去音。多添圖甚也。

依歸祖國處。登新上堂。拈香祝聖畢。師曰。今日開爐。用報皇恩。

今日八字打開。拂一拂。莫大笑。曰。南面北風涼。下座。

薦亡圓寂。拈拄杖生前。到這裏。只得還身三步。是也是。諸禪德又怎麼。

高一品。有天有地。未入個眼睛話。一僧出眾。莫留運。師笑。曰。一任

年老深。上堂。師豎拂子。曰。諸諸佛。來來也。學橫拂直。法語合言。

圓樂今朝海說成。自問不安閑。自問不安閑。下座。

是拂子中。上曰。相殺相成。南來卒曰。一二三四五。是甚麼道理。良久。云。

浮日流須。老大身手。因甚不正夜日子。請問那行通非禪。昔日放主要

處回各語句深。普於來大士。汝又添正非告。鏡里照影空有亦。善來童子。

雨歇钟声催日暮。天溪泛影隔平渡。露露。昆仑奴。着铁裤。空里走。乱飞舞。生叫喊。老师父。放出临济大尨。抽出云门一顾。妙妙。拿倒猢狲锤作醋。良久。曰。住了。且看甚么主顾。抛拂子。下座。

元宵解制。上堂。问答毕。师大笑。云。禅和子。知不知。灯影里。马如飞。处处人捶牛鼓皮。普天乐。笑话儿。遍地孩儿眼搭痴。咄咄。老头子。自己家风不说起。喜喜。雨打风吹。破窗无纸。好似人间措大诗。下座。

香林禅师诞。众耆旧请上堂。问答毕。乃云。九日雨微晴。香风出桂林。铁树开一时。碧云天。黄花地。金将火里试。还曾透出一字也无。天寒日短。一不得向。二不得开。白露收残月。霜风散晓霞。一杈一搭时。登高风落帽。

老祖能识人。林坳多败叶。卓杖。云。千里何明。又卓。云。清机历掌。去不到去。来不到来。谁不错会。黄鹤断矶头。人多悲客路。掷杖。下座。

去不到去。来不到来。谁不错会。黄鹤西风来。人多迷客路。棒杖。下座。

老祖能识人。林幽多蹤十。草杖。云。千里何明。丈草。云。请凯归章。

小参（上）

众入室。师拈杖。云。摩诃般若波罗蜜。明如日。黑如漆。异解多途。商量非一。卓拄杖。云。急。若人信受奉行。一生参学事毕。昔日。殃崛摩罗尊者持钵至一长者家。其家妇人正值产难。子母未分。长者曰。瞿昙弟子。汝为至圣。当有何法能免产难。尊者曰。我乍入道。未知此法。待问世尊。却来相报。及返具事白佛。佛告殃崛。速往报言。我从贤圣法来。未曾杀生。殃崛奉佛语。疾往告之。其妇得闻。当时分娩。师云。从古至今。拈提者极多。错会者不少。龙溪今晚索性与你点出。天苍苍。野茫茫。风吹草。见牛羊。禅和子会也未不会。再说一遍。水溢天开堤。花落满龙溪。免随潮落去。日上绮霞低。众作礼。师掷拄杖便起。

小参。师拂一拂。曰。歌以尽言。舞以尽意。至简至易。九月初一。咄。逢人不得错举。便下座。

小参。僧问。如何是世尊不说说。师曰。烂柯山上半盘棋。曰。如何是迦叶不闻闻。师曰。东邻人杀牛。曰。如何是向上关捩子。师曰。虾蟆水上真书出。曰。还许学人进步也无。师曰。蚯蚓泥中草写之。曰。谢和尚指示。师曰。西邻人禴祭。僧礼拜。师良久曰。拖景者咸扣怀。响者必弹。或因枝以振叶。或沿波以讨源。咄。胡家车里老仓官。世尊不说说。烂柯山上半盘棋。关捩子是甚的。虾蟆水上真书出。蚯蚓泥中草写之。东邻人杀牛。西邻人禴祭。

佛诞。灵山法华会。众居士请小参。师名大众。蝴蝶梦中蝴蝶舞。杜

鹃花里杜鹃啼。今朝四月初八。老僧亲到灵山。钱塘山水。交呈道趣。鸟语花香。互露真机。直下逍遥。超然自在。古人云。单明自己。不悟目前。此人有眼无足。若悟目前。不明自己。此人有足无眼。据此二人。十二时中。常有一物。蕴在胸次。胸次不安。触途成滞。祖不云乎。执之失度。必入邪路。放之自然。体无去住。菩萨子。老作家。濯足西湖水。水底清见沙。游人欣日晴。笑指双峰霞。此话且置。试问诸人。还见法华会上诸佛菩萨大放光明么。下座。

小参。师云。涫涫纷纷。孰知其形。世、出世间。谁不错认。设有人云。天溪又作么生。向他道。你真精灵。

小参。师举德山因岩头来参。山才见。便下禅床。作抽坐具势。头曰。

这个且置。或遇心境一如底人来。向伊道个甚么。免被诸方检责。山曰。犹较昔日三步在。别作个主人公来。头便喝。山默然。头曰。塞却者老汉咽喉也。拂袖便出。沩山闻。举曰。龛公虽得便宜。争奈掩耳偷铃。师曰。诸禅者。难难。西北五台山。东南虎牢关。鱼枕蕉一举。十分当覆盏。谁能蜩蜕浊秽之中。舍得命施之理。与万物迁徙而不自失者。呵呵。香炉紫烟生一线。天风吹落荻花滩。

小参。师竖拂。曰。耕夫习牛则犷。猎夫习虎则勇。渔夫习水则沉。战夫习马则健。大众习底作么生。打一拂。曰。大寒在四九。哑子捧鬼首。腊月二十四。店前粘倒酉。

重陽。早參。師云。今朝九月九。脚跟上藏事千斗。右轉左。左轉右。

臘月二十四。舊歲新年。

良久云。恁麼則道。大衆以底作麼生。打一棒。曰。大衆在四九。匣子棒頭首。

小參。師拈棒。曰。諸夫以手則打。諸夫以棒則痛。適夫以水則沉。

珊瑚一枝。大風吹落嶺花飛。

能明說法於心中。會得命諸人理。即得明法無不自來者。向道。香香。

諸禪者。咦咦。西北五台山。東南宇光。魚扶龍一等。十分雪蓋。雪

道場上。拂袖便出。須此山間。茶曰。歸公喫得便直。須今拈笛頭分。師曰。

從教普日三年在。何作个主人公來。未便當。山與深。水曰。應知普來了。

送个且置。返還心境一如底人來。智得道个甚麼。兄被諸方檢責。山曰。

好手手中呈好手。呵呵。天溪长老不唧嵧。

早参。师云。水中盐味。色里胶青。咄。将谓明星是眼睛。通身有口向谁说。挽尽天河洗铁丁。

六月十九。早参。师云。路上红尘起。江中白浪飞。拈柱杖。云。观音菩萨来也。有眼者近前。无眼者退后。一僧出。作礼毕。拟归位。师打。云。与么不得得与么。良久。卓柱杖。云。礼拜归位真堪笑。与么不得得与么。曼孥罗指地为泉。胡大头锤破铁山。若也知去。龙行虎步。如或懵懂。世尊升座默然。阿难遣出比丘。左右顾云。半山庙。三天竺。遂以柱杖一齐打散。

冬至。早参。师云。冷地里梦见一呆和尚曰。昨夜三更子癸时。枫杉隔坞问松枝。满天飞雪来何处。寒梅低首笑嘻嘻。他又大叫云。老祖老祖。如今是什么时节。大众说看。傍僧拟答。师便打。僧复出。问。生擒猛虎、活捉狞龙人来时如何。师云。官法如炉。进云。忽遇透网金鳞又作么生。师云。谨慎火烛。进云。驱耕夫牛。夺饥人食。未是向上钳锤。如何是向上钳锤。师叱。云。扬州客。僧拟议。师云。大众归堂。

四月八日。早参。师云。从古相传。释迦佛今日降生。不知是否。说与诸人检点看。南康府里星子县。黄梅县外义丰城。这便是森长老见处。良久。云。知客在否。众答。在。复云。内外大众。今早都念课诵么。众云。念。师便入卧室。

早参。云。保宁勇和尚道。有手脚、无背面。既无背面。如何有手脚。

早參。云。釋迦老和尚道。有手脚，無背面。諸天背面。如何有手脚。念。師便入臥室。

良久。云。和尚在否。衆答。在。復云。由外大衆。今早靜念誦彌陀。亦云。祇請入檢點看。南康府星子縣。黃梅縣外又牛城。這便是森木見處。

四月八日。早參。師云。只古相傳。釋迦佛今日降生。不知是否。說師叱。云。將謂答。僧擬議。師云。大衆歸堂。

達磨大師。進云。爾時未舉。今朝入食。未是向上鉗鎚。如何是向上鉗鎚。語根禪和入來時如何。師云。實法如來。進云。還與金剛大作主。師云。如今是什麼時節。大衆說看。僧擬答。師便打。僧更出。問。生擒猛虎。佛超向拈來。講天龍來何處。東極低首茅藍。德又太可行。老頭老祖。

明眼人、看不见。若看不见。何以为明眼人。天左旋、地右转。正当恁么时。诸禅在那里安身立命。西风一阵来、落叶两三片。恰恰恰。绕村捉鹅鸭。

早参。云。大众道眼若明。才脱窠臼。接物应机。如钟待扣。咦。千万关山道。分明南与北。触目古人思。时凭最高阁。错。自知老祖痴。见笑水潦鹤。昔有牛头会下僧参破灶堕和尚绕一匝出去公案。会么。良久。曰。新月娟娟。夜寒风静。山衔斗。起来搔首。雪里梅花瘦。好个霜天。闲却三台手。君知否。古人去后。思念浓如酒。说与行脚人。左掌中书右。

早参。云。霁霞散晓雪犹明。枯木挂残星。霜花重逼云裘冷。西望阳关谁故人。咄。贴秤麻三斤。心共马蹄轻。打一拂。曰。金刚脑后铁钉深。

师诞。早参。云。圆照老冻脓。不中用。劳无功。五十五年成底事。

十千八百。五更钟也。有好处。学得个秘密真言。今日母难之辰。告报大众。唵哑吽。

早参。师云。香烟带雨飘和缈。不见明星出现。寂寂竹窗天已晓。试问诸禅知此否。枉自空烦恼。倒不如枯梅枝上翻寒鸟。咦。且把茶频浇。看。今朝腊八。何似前宵。

早参。云。遍地黄花秋容老。最是东篱好。趁红轮。蹑屐急登高。任西风冉冉吹衣帽。却有一件紧要。脚下踏不实。仰面便跌倒。

禊早参。云。圆照家风无异于人。面修原而带流水。倚郊甸而枕平皋。筑蜗室于竹林。构环堵于桑陌。虽然如是。可使庄周观鱼而忘。可使逸少祓禊而祥。可使太白咏月而狂。祇有一般告报衲僧家。不可使饱后而贪凉。

见笑志公和尚。

早参。云。肯即未脱根尘。不肯则永沉生死。因何道。直饶句下承当。犹是瞌睡汉。雄雄之尊。近之不得。怎么又道如火与火。将谓一合相了不可得么。尽道不隔毫厘。时流远向。往往如斯。莫是贵人多忘耶。立不见立。行不见行。良马高飞天外去。阿难依旧世尊前。识去就者下语看。

早参。云。《易》之失。失于鬼。《乐》之失。失于淫。《诗》之失。失于愚。《书》之失。失于忮。《春秋》之失。失于訾。且道禅之失。失于甚么。谁不知。今日是九月初一。诸禅德一向恁么去。雨打无声鼓子花。若不恁么时。眼底瞳人吹觱篥。不恁么却恁么。作福不如还旧债。恁么却不恁么。明朝后日。悔之不及。拂一拂。

佛诞。早参。师云。悉达哥实欠老。指天指地如何好。教坏世人斗百草。乱寻讨。斗罢可怜生。狼籍无人扫。咄。今朝四月八。因甚不学尖新偈颂。却恁么胡说乱道。蓦云。有了山东蚊子、广西猫蚤。

早参。云。颜貌年年异。世途局局奇。尽为浮生累。其如高尚迟。大众。肯自新者。愚有得事。智有遗道。市井诸法有可随者。禅学诸俗有可非者。善诸所在。虽卑屈而世不能贱。悉诸所在。虽隆盛而世不能贵。呵呵。好笑村猫獠。且碾凤团消旧梦。春王今早入东郊。咦。说什么着衣食饭量家道。

早参。云。衲僧家发言吐气直须脱俗。理要深而远大。旨要切而明著。句要练而显喻。有意无意间逗露本地风光。使人见闻有所感悟。方极其妙。大众。触石而出。肤寸而合。不崇朝而遍雨乎天下者。泰山之云。诸禅。

觉华定自在王如来。如何念。

早参。云。金堤北去通沙碛。梅堰南来接井陉。众禅卿。日出楼阴整整。风暖烟消人静。蚤起自搔头。闲扫门前荒径。清净清净。秖剩数枝竹影。知音者道看。书记问。上东门外人无数。为何道。青绢扇子足风凉。师曰。捉蛇看七寸。曰。雪埋深夜月。陆地惯行舟。师曰。五服内犯重罪。问。石火莫及电光。圆通从上诸圣。以何为人。师曰。七月算头。九月算尾。曰。无人过价。打与三百。其实难道。师曰。落地钱。四六分。

早参。云。虚空有体须亲证。定慧无门莫妄修。收收。竹枝谩写当年恨。星晓寒声叶叶秋。张打油。李打油。公子城令无食客。霸王宫已变荒丘。殷勤为谢渭滨叟。空坐矶边白了头。休。南有睦州。北有赵州。

早参。师云。天晓也。水上人家。漠漠池塘十里蛙。门临坝。疏篱曲曲紫薇花。诸禅者。隔河柏树上。无数白乌鸦。

早参。云。人行野色分。鸟啭溪光曙。因甚吴江造斋堂。却来杭州天龙谢土。莫是日出小舟横、依依天外渡么。良久。曰。若然说得不差。明年再来下顾。

冬至。早参。云。天寒草木疏。日出照平野。物情自索寞。冬色正潇洒。罢罢。大众。曹溪六祖是卢行者。唐明嵩和尚在雪地里因甚么被首山念祖打。

早参。云。梦觉朔风大。落枝去虚氏。铿锵玉磬音。隐隐迭高下。咄咄。西来的旨是何语话。罢罢。大雅小雅。之乎者也。三千年前。字经三写。三千年后。乌焉成马。

三千年後。忽然放光。
西來的旨是何話語。罷罷。大帝小犍。又手搭也。三千年前。雲鋒三百。
早參。云。無覺解成大。落樓擊鼓。只。鐵鎖上聲音。隱隱迷高下。鬼鬼。
罷罷。大人又。曹溪六祖是百行者。廬明嵩岳論在雪裏。因甚又被首山念和行。
又重。早參。云。又見章木落。白石照手野。物情自素寒。又色正清涵。
手再來干顧。
花謝去。莫是舊西小年橫。依依天外演久。東久。曰。若然說得不差。明
早參。云。入行野色。又。烏啼溪夾曙。因甚其江流落雪。靜來旅則大
曲樂藏花。諸禪者。隔河柏樹上。無數白鳥啼。
早參。師云。天晚也。水上人家。煙樹迷離十里垂。門臨壩。源藏由

早参。云。一叶放春流。狐窗来鸟语。报道马回孑。瓮里捉老鼠。妙湛总持不动尊在那里。十字街。四隅头。东西南北。一年历春夏秋冬八个节。大众记得前岁黄州火发么。不知打破多少酒瓮。

早参。云。大哉宗旨也。万世皆宗焉。而邪禅弗信耳。若是真正佛祖。必然师之。然亦何常师之有。唯眼所师。以佛祖之眼。受佛祖之训。得佛祖宗旨矣。邪禅不知其由也。其唯祖师乎。俗眼不明。故先圣恐后人随邪而速正之。所以宗旨立也。择而不僻。顺而不苟。直而有法。其正法唯眼明。今之禅者。非昔之禅也。竟杂外学而取名焉。名为参禅。其迹谲其乘流之弊。不得已借称宗门。故正眼没而名实散矣。临济先祖云。大凡演唱宗乘。一句中须具三玄门。一玄门须具三要语。有权有实。有杀有活。有纵有夺。

有照有用。有宾有主。大众。第一玄。人前切莫乱妆村。第二玄。不相干处却相干。第三玄。翻转面皮不是冤。第一要。莫与胡孙斗巧妙。第二要。捉虎拿龙须得窍。第三要。韩卢野干凭他跳。诸知识。三玄三要作么生。溪南溪北淡烟横。晓风吹断沙禽梦。人在绿杨堤上行。

早参。云。大众。一快不足以成善。积快而为德。一怨不足以成非。积怨而成恨。千载之积誉。百世之积毁。向什么处见释迦老子。今朝八月初一。眼睛岂是金州漆。

早参。云。衲僧家脱尽习套。正眼方明。正眼明而佛法自可爱、可喜、可从、可师。故妙用者出活机。句到者显妙用。活机莫若妙用。妙用在于语脉。语脉生于妙用。是故因语以识用。用生于体。故因用以明体。意以句发。

語脉生于妙用。是故因語以識用。用生于体。故因用以明体。意以句成。

可以、可听。故妙用者出語句。句到者是妙用。語就莫若妙用。妙用在于語脉。

早矣。云。福僧家所序句者。正眼分明。正眼明而脉法自可貴、可喜、

初一。眼睛是金剛濂。

於從西來康。千載以示參。百世以來毁。宿作以及見解還是乎。今朝入日

早矣。云。大仿。一味不足以放善。示來而方施。一路不足以放非。

濂本濂北淡幽機。晚成求吶沙會緣。入在錄指提主行。

校虎會无頂師說。第三要。歸者野千詹他疑。諸相我。三寅三要在公未。

從却插于。第三寅。囊轉面成不是寅。第一要。莫与胡桃平石砂。第二要。

有無有用。有賓有主。大仿。第一寅。入前切莫亂拈針。第二寅。不插于

用以言著。故语者所以明用。得用而忘句。用者所以明意。得意而忘言者。大宗匠也。是故学死句者。非得妙用。能妙用者。须得活机。是故妙用生于活机。而得受用焉。则所得者乃非实法也。句生于用。而得句焉。则所得者乃非死句也。所以忘句乃能活机。活句乃能妙用。得意在忘用。得用在忘句。故发用以尽意。现显以明妙。是故触类方为妙用。合道方为活机。若眼不精明。邪见弥深。纵身侥幸。而道无可取。盖死句忘活机之由也。脱死句而得活机者。遣词命意。虽无心学古。而有心学古者不能到也。意高句老。故不知其然而然矣。大众。圆照眉毛还在么。咄咄咄。

安居。早参。师云。大众。山高寻云。溪肆无景。南无慈力王佛。南无红焰帝幢王佛。南无善游步功德佛。小事之成。不若大事之废。邻邻阡陌多。农家无寸泥。谁道秀木扶疏众草齐。妙妙。叮的哩。叮的哩。

元旦。早参。师打一拂。云。大树大皮裹。小树小皮缠。古往今来者。欢喜成风颠。吃饭汤。烧速香。开得眼来天地光。咦。俗气不除。呵呵。不妨不妨。有大神咒。有大明咒。有无上咒。什么咒。新年新岁。而今而后。入俗随俗。入乡随乡。一卷子。程子曰。一卷天地玄黄。一味顺朱填墨。不用向下向上。所以问新年佛法。答他紫云瑞雪降重重。问前三三后三三。答他梵王宫殿隐晴空。大众。玉童端拱双尖上。石船峰在碧波中。年初一。驾长虹。任从天上醉春风。知众在否。众应。在。师云。有功无功。莫使肚空。斋堂排斋。佛殿上供。

早参。云。穷《春秋》。演《河图》。不如载茗一车。差差。低枝窥

檐似含笑。临水小村三四家。举头红日近。回首白云奢。咄。什么说话。

早参。云。未曾动脚。禅和瞒你一丝不得。及乎踏遍十方七尺单前。为何又看苕帚星。不见十个有五双。说今日是小年又遇立春。曾知紫云峰头故事么。湖天俨似水。溪山雪后凋。咄咄。

早参。云。悲歌久去耳。风韵今何如。荒院夕流畔。古道行人疏。大众。云天一片。高谈抗冷毡。笑寒暖世间人面。且休分皂白。尽随他冷淡因缘。因甚道社（杜）兰苦不长、萧艾苦不残。

早参。云。溪头鸟声呼晓雨。淡烟锁断村前路。呵呵。圆照门前。看天不见天。看地不见地。诸禅者。谁道眉毛是八字。

早参。弹指。云。剥剥剥。谁错谁不错。语不传于轩𬨎。地不被乎正朔。

乐乐乐。珠玉琭琭。氏砾确确。知藏问。近奉山门请。水上挂灯球。是何宗旨。师云。是你没造化。进云。待有即向和尚道。师云。前面走的麻子笑你。

元旦。早参。问答毕。乃云。老祖山头。春至腊完。送客偶出户。看云还倚门。说甚么未生前。咄。草芜没平野。你要知今日事么。木落见前村。诸禅人仔细听。老祖病多识药性。凭你说残腊新春。年新月新日日新。三家村里舞魁星。竹里声清急荐取。莫将傻话厌人听。鸡未鸣。风最冷。梅花无数落山城。拍桌。云。无花果不结。无枝果不成。大笑。下座。

早参。云。梦寒狐渚雪。茶响一炉风。若作世谛会。日出楚歌声。若作佛法会。风生汉人阵。毕竟作么生。大众细听。

早参。云。宗乘演唱均一句也。令人随其言。见其句。不见脉。古人早參。云。宗乘演唱。指一句子。今人隨其言。見其句。了見來。古人作解出令。风生以入神。持今依公生。大众會所。

早參。云。無寒無暑雪。參偏一句。风。若作世論会。白出去歌声。若據作九數踰山城。拈來。云。元花果不繇。元枝果不放。大众。下座。三家村里無聊退。千里先請金禅取。莫將便話天入所。恐未晚。风最令。村。話禪入佛箇所。老僧路多於諸謹。覺作說文闡讀書。羊許且請自由者。云迷佛門。說甚么未生前。說。卓看汝手脚。作要知今自家公。大家見前元旦。早參。回答說。今云。美恆山光。春至臘完。送客值出户。春師云。見作汝喜氣。進云。諸有即可答曲道。師云。前面去路麻手將茶。宗乘來。來至暖來。又原平遍遍。古藏回。所云山门清。水上推行來。是前宗旨。

会其意。见其脉。不逐句。祖师明其旨。不滞意。不滞句。一通皆通。不执之即妙。执之即不妙。妙妙。见乞儿与美酒。以免破屋之咎。噢。心眼精明、透彻宗旨者。若碗。若盂。若瓶。若壶。若瓮。若盎。皆能建天地。兆龟数蓍、破瓦文石。皆能告吉凶。是知万物天地成理。一物包焉。物物皆包之。各各不相借。会么。风急啼莺未了。雨来战蚁方酣。真是真非安在。人间北看成南。客僧问。古帆未挂时。因甚道后园驴吃草。师云。夜长。进云。从门入者不是家珍。作么生。师云。脚冷。僧作礼。师云。顾水自怜湖水碧。高吟赢得四山青。

早参。云。四十二字妙陀罗。泗州大圣那姓何。老禅客。武功太白。去天三百。狐云两角。去天一握。山水险阻。黄金子午。蛇盘乌陇。势与天通。吽吽。茆溪见处。不瞒诸公。

四月八。早参。云。今日圣诞良辰。洛伽石叫曰。黄鹂莫作藏身处。一入柳丝遣不开。汉阳江应曰。楚云一夜真堪赋。华顶峰道。佛国何年入望来。泰安山问。天下英雄今孰是。陈搏谷答。犬声空自聚如雷。老祖各供白水一杯。淡薄淡薄。莫怪莫怪。侍者出。礼拜。师便打。客僧问。少室山前无异路。因甚又道差别智难明。师云。嗳哪。人无廉耻。不若狗彘。进云。闹市里打静槌。西方日出卯。师云。苦哉。撞在这个网里。

早参。云。终年说法一字无。终年学道仍狂夫。诸禅者。你在老祖何所图。渔樵耕读非有心。帝车侯服非有意。因甚道。理安于独善。势使于兼济。卢舍佛言。千佛谛听汝先言。金刚种子有十心。若佛子信者。一切行以信

为首。咦。江上始知山色好。时倚层云望笑台。为何又曰。十七十八。道着即瞎。

解制。早参。云。大众。今日甚么时候。竖拂。云。结如芭蕉叶。解如杨柳枝。看看六月尽。百舌你何为。若道须臾之间无忘其为贤者必困其性。百步之内无忘其为容者必累其形。咄。且去。茆溪口似鼻孔。掷拂。下座。

早参。云。尽道今朝是冬至。为甚么须菩提涕泪悲泣。迦叶尊者只管冷笑。大众记得么。孟子见梁惠王。僧问。易开终始口。难保岁寒心。和尚又作么生。师云。千世不修。生在贵州。进云。剐三斥四作么生。师云。贞节祠南石判官。进云。举则易。答则难。如何到得和尚田地。师云。麻城盐客识阇黎。

起七。早参。云。夫出世至此时。笑啼俱不敢论道。于末劫。邪正递相嘲。

古亦有之。蔡中郎以反舌为虾蟆。《淮南子》以砌蛩为蟣蠓。高子明以乾鹊为蟋蟀。文人误谬。自古为然。何独于今。禅者比闻有读《维摩经》。至舍利弗问天女。曰。何不转女身。女曰。我从二十年来。求女人相了不可得。当何所转。即时。天女以神通力变舍利弗。令如天女。女自化身如舍利弗。乃问言。何以不转女身。舍利弗以天女相而答言。我今不知云何转面而变为女身。今时有错解者曰。与倩女离魂一般。又有云。不过弄鬼眼睛也。又有云。者是如来禅。又有云。不合三玄三要宗旨。又有云。与念佛者谁不相似。又有云。不是岩头末后句。又有云。岂有男身变女人之理。又有云。恰是竹篦子相似。大众。南风静兮北风兴。吹不了兮纸钱灰冷。吹不了兮古戍烟横。吹不了兮酒旗叶叶江边影。吹不了兮野烧痕青。吹不

了兮人悲客路斜阳艇。吹不了兮鬼哭沙场夜雨磷。更有一般吹不了。子规啼月血微腥。咄咄。山若满斟魑魅舞。百场三万六千丁。

早参。云。白纸书屏风。客来且与读。咄。甚么曲。草里跳蚤毒。搅得睡不熟。

早参。召众。云。今日是甚么日。众无对。师大笑。云。人之生也直。

早参。僧问。赤土画簸箕。使来跳不出。是也未。师云。阇黎生得好耳朵。僧作礼。师云。何所见而来。何所闻而去。水底看红轮。清波无透路。喝一喝。云。曲有误。周郎顾。

早参。云。苏子美读《汉书》。以此下酒。百斗不足多。老祖瞌睡。似梦非梦。忽闻云。船上不漏针。为何枕头没处寻。兹请大众判断。若道复仇者不折镆干、虽有忮心者不怨飘瓦。不劳拈出。

早参。云。见善。修然必以自存。见不善。愀然必以自省。善在身。介然必以自好。不善在身。菑然必以自恶。行森昨夜梦遇老演祖。胜如得美官。栖栖无聊中。握手意便欢。再三细问。家风这样清淡。为何不学化缘。

早参。云。乱石堆头泛破航。急流溪畔柳初长。歌欸乃。濯沧浪。四山绕座。元章来。雪居孙。皆非妙笔。一目连天。虾蟆阜。狗儿堆。尽是佳图。还有一般快活。近来公令严禁。不许开场放赌。知藏礼拜起。喝一喝。师大笑。进云。面前骨堆高三尺。莫是三九二十七么。师云。接客喜。送官愁。进云。华光寺主手脚长。师云。你好似停丧赴考。僧问。如何是有相身中无相身。师云。费钱因事急。进云。入市能长笑、归家着短衣时作么生。师云。郎

揩僧老所立其功。今日這個施令。古佛正回樂昌大寺。眾希禪主問。丁寧
正娘以東。兼過時家事。古佛殷次過。也是先究言。祖師先所宗其德。上下會理。
早參。示。眾生富山來。豈有普鑑遠。四天以下。政可出頭目。家放以上。
午齋。西斋北斗。你道深常聲禪師在那里去。
你們聞千不露。大眾。真聲大禪師。何宗年里多客日。何故撥禪不[illegible]
冬至。早參。示。數九不到九。風江一聲聲留。正[illegible]無香回在事。
守旦。
本昕回時。師云。是。春拜禪年。進云。亦中禪年年匪人。師云。正本[illegible]
寧入內有千行。留了保西時合何。師云。你主在來果書。進云。亦可政告。
中年進策。遊云。旃[illegible]禪[illegible]。四十五年全行。師云。遍大羅師[illegible]禪林。問。

中寻韭菜。进云。桥翁赛南神。日午点金灯。师云。怪不得师叔卖茶地。问。学人肉有千斤、智无铢两时如何。师云。你生得好眼睛。进云。宁可截舌。不犯国讳。师云。咄。者样种草。进云。忙中怎得作闲人。师云。正好沿街叫。

冬至。早参。云。数九不到九。风引钟声唤客留。正欲徘徊思往事。纷纷霜叶下长流。大众。真净文禅师。归宗寺里冬至日。何故拔禅衣烧柏子香。面南看北斗。你道洪觉范禅师在那里走。

早参。云。毗富山头。豆花蛰露湿。四天之下。蚁队出颓垣。依报之土。正报之身。黄鸡时啄黍。白屋晓炊烟。世无灾害。祖师无所施其德。上下和睦。衲僧无所立其功。今日兰盆胜会。为何王涅槃骂太岁。柴房寮主问。广则一线道。狭则一寸牛。意旨如何。师云。问维那给假。进云。如何是不伤物义底句子。师云。你师兄几个徒弟。知众问。罪性本空。未审和尚教学人向什么处忏悔。师云。扛灶抬石磨。进云。弄罢影戏回来别赛时作么生。师云。你却做得倍堂。进云。波斯不学汉语。师云。你为何鼻孔头出冷水。

大雪。早参。云。水似青铜镜。山如碧玉城。厨寒面减色。吟罢滴余声。咦。忽烧银遍野。种玉成田。白初黏草舍茅檐。好似瑶池宫殿。天天。空庖恰早炊。爨烟迟。琼英乱洒晨光碎。敲冰煮瀹。茗香园蔬脆。一盏粗饭僧欢喜。人间尚有瓶无米。行脚诗僧得句时。贫家何限凄凉泪。衲子品格第一要除葛藤。僧护经。姑置之案头。何如。

早参。云。大众。破除烦恼。五更钟鼓木鱼声。因甚又道。白鹤飞来

迎赤壁。东坡到处便西湖。咦。广济县二十四都。李大户物故。

早参。云。弄月嘲风。此曲秖应天上有。茅斋竹院。不知谁是地行仙。桃花流水。白云深处。个中事作么生。

早参。云。富贵福兮人所难。必不足恨。独恨无贩沽之能、负担之力、俯仰之态、为世绝物。大众。诸方生意何如。呵呵。黄连山和尚道的。

早参。云。抚心自惜。触物生感。禅和子。春风天上来。满城红与紫。如何朝暮间。飘落如流水。维那问。两度上名未审落在那里。师云。将直袋盛着。进云。尘中人自老。天际月常明。师云。多费闲钱。云水堂寮主问。水出高原即不问。竹竿头上礼西方。意作么生。师云。两个畚子讲得好不热闹。进云。邛州多出九节杖。师云。叫做一段极希罕的新闻。

早参。云。禅者禅者。前观音。后势至。大市以质。小市以剂。咄。

往往如斯。

明道正觉茚溪森禅师语录 卷中

小参（下）

晚参。师云。万法归一。一归何处。呵呵。学人也有趣。和尚也有趣。拂一拂。归卧室。

晚参。师云。山门前得底句。禅堂里商量去。进到方丈。不必再举。何也。天溪不肯辜负汝。

晚参。师云。竹窗夜启。月明霜大。高鸿入云。鼠儿穿磨。大众。行住坐卧。且道是个什么。良久。大笑。云。癞头回子骑骆驼。

室中晚参。问答毕。师乃云。阿逸多笑甚么。蛇穿耗子窟。普化摇铃过。

室中晚參。問答罷。師乃云。風遞殘花香未盡以。月移華影半窗。普化諸合過。

住坐臥。且道是个什么。良久。大笑。云。癩头圓子講路旁。

晚參。師云。千峰競秀。月朗風大。高過入云。鼠几辞灵。大众。行天講不肯辜负此。

晚參。師云。出门前禅家句。禅堂里商量去。进到方丈。又安辛举。何也。禅一棒。归卧室。

晚參。師云。万法归一。一归何处。何处。深入毛有颠。冷者毛有颠。

小參（下）

明道正觉森禅师语录　卷中

呜呼。小子脚板踏破。痒疮近火血沾衣。伤盐伤醋陈年货。有人道。慈翁老。有茶请吃茶。无茶滚水好。咄。汉仙琴高骑赤鲤。羲之写字换鹅儿。良久。云。归堂去。

雪夜晚参。师云。吃苦茶。说淡话。谁管佛法不佛法。冯夷剪破龙溪练。枯柳梅花处处春。咦。月下冻痕生绿井。隔窗玉片飞无影。树枝风息转迎寒。寒人如鸟栖未安。日短夜长谁先觉。荧荧残烛呜呜角。咄咄。黄龙三关。香严独脚。

小年。晚参。众集。师举拄杖。云。是我不是。众茫然。师掷下。归卧室。

晚参。师云。反一无迹。庸非常乎。因二以济。能无彰焉。诸禅者。浦楼低晚照。拍案。云。切忌夕阳前。

晚参。云。痴不痴。癖不癖。击节歌离骚。湘灵招不得。狂风吹落花。花落风无迹。大众。为甚么后灰山上写个会众拿贼。

晚参。云。众知识。最好是。元宵普。家家乐。鸣花鼓。石桥水畔游人处。醉汉隔溪颠笑语。灯随远浪泛如星。云散平堤似柳絮。真有趣。恁般去。月明风暖冻泥开。纷纷踏碎琼瑶路。阿呵呵。截断圣凡门户。前山岩崖里。猢狲倒上树。

晚参。云。大众。与么来者。寒声听不断。不与么来者。又见晚烟横。总不与么来者。远树浑无色。清风满袖生。喝一喝。

晚参。云。上楼月在野。下楼月在楼。叶与云俱落。霜仍枝上浮。大众。西来离海岸。东去是何州。切忌切忌。平地起深沟。

晚参。云。天溪一片月。万户捣衣声。便恁么去。旱地遭钉。不恁么去。有眼如盲。毕竟作么生。三脚驴儿。弄蹄行铮铮。秋入银屏梦不成。

晚参。云。昔日西汉士论。以经术为内学。辞赋杂说为外学。季彦之时。方尚辞文。反以章句为内学。经书为外学。迩来吾宗亦然。你看唐时西天大耳三藏因诵《华严经》入法界品得他心通、肃宗皇帝请南阳忠国师试验公案。有僧举问玄沙。沙曰。汝道前两度曾见国师么。玄沙意在那里。莫是学人不姓黄耶。有僧举问赵州。大耳三藏第三度不见国师。未审国师在甚么处。州曰。在三藏鼻孔上。且道鼻孔上是国师不是。大众。寿星龟鹤鹿。又云。令人喜模仿圆悟、大慧、中峰三尊宿。咦。绘雪者不能绘其清。绘月者不能绘其明。绘花者不能绘其馨。绘泉者不能绘其声。还识国师、玄沙、赵州么。怪石岑崟当路。幽篁深不见天。此路若逢醉客。应在万仞峰前。

晚参。云。出家儿。父母不供甘旨。大事又不了明。所为何事。古人道。行脚参禅。只图见性。即今上人性在甚么处。见得自性。方脱生死。眼光落地时作么生脱。脱得生死。便知去处。四大分散时。向什么处去。同此荒村破落。正好着力。囊也空。钵也空。穷则变。变则通。不然。雨打青灯寺。风吹白石牛。蛇不踏着尾。万年无转头。喝一喝。

贴单。晚参。僧问。钓鱼船上显家风。可是西来祖师意否。师曰。尽道上座会打支查。曰。量材补职。伏惟尚飨。师曰。豆腐店里亦骂你。曰。利动君子。师曰。如何敢怪巡照。乃曰。今日本是平常日。若作平常看去。便是俗人见识。因甚咮。只为汝眉毛盖着眼睛。所以错过祖师。有件事告

报诸人。每夜里一觉梦醒。伸脚时。好个出奇句子。

晚参。云。避暑竹林。凉风透树。潮声到门。明月在户。燕子归巢。狗儿当路。大众。一期《华严经》。唱得好字母。

晚参。师云。江平秋万里。人静夜初更。仿佛寒烟外。长洲落雁声。诸禅德。旷古乾坤观不尽。海昌塔上错分明。

晚参。云。衲僧家吐露本地风光。有纵有夺。似断似续。而心地灵彻。有如秋色秋声。不知何起。不知何止。非妙悟人不能辨。始可人前当机。维那问。贫儿拖子渡。恩爱竟随流。还有佛法大意也无。师曰。烧庵婆子是那里人。曰。古渡秋风寒飒飒。黄花红蓼满江湾。师曰。演武亭有件新闻。问。不居正位。玉殿苔生。可是异类中行履否。师曰。上座身边想是经钱作怪。曰。无名不挂体、棒上不成龙底作么生安排。师曰。弄出事来才知苦。

典座问。在家只言为客易。为什么临川又觉取鱼难。师曰。再有谁似你。曰。这一番不虚行脚也。师曰。说的就是。

晚参。云。万贱之直不能挽一贵之曲。咄咄。草舍三山隔。银河一水通。多少人错会。立近晚风迷蛱蝶。坐临南浦乱芙蓉。吽吽。秋声虫语外。夜气稻香中。

晚参。云。开口时便成增语。不开口时便成剩语。孙阿竖。盐官今夜声。不是当年谱。诸大众。莫与么去。可惜许。

晚参。执事白云。明晨解制。求和尚说法。师曰。说什么法。近水天难夜。高原晚易风。衲僧家量腹而食。度形而衣。容身而游。随意而行。余天下而

不贪。委万物而不取。处大廓之宇。乐无极之野。咄。正朝夕者视北辰。正是非者视古人。拈槌竖拂又作么生。此去有人问盐官近日事。凭你唤钟作瓮。

晚参。云。富莫富于常知足。贵莫贵于能脱俗。贫莫贫于无见识。贱莫贱于少骨力。的今晚五月三日。微风开夕眺。奔云带梁越。滑跶波斯翻着袜。喝一喝。

除夜。小参。云。今晚是除夕。除却除却尽除却。且道除却个什么。莫是一年三百六十日千妖百怪、魑魅魍魉、邪魔外道么。不说不说再不说。有个妙处不可说。蓦打一拂。

晚参。众集。师大笑。曰。特地一场愁。良久。曰。不须愁。北郁单越。南赡部洲。以拂子划⊕。曰。千年田地八百主。切忌人前又马牛。吽吽。

民事因甚官酬。

中秋。晚参。云。如何是般若体。如何是般若用。万里关河遥北望。无边风趣入秋来。说甚么箭穿杨柳、李广陷番。错过云峰悦和尚。故人尺素年年隔。薄暮清砧处处催。大众。峨眉山脚下有件事极古怪。

除夕。小参。云。拆不拆。单不单。检尽历头冬又残。不指白牛赚大众。破衲蒙头看远山。添老大。转痴顽。五彩神荼满世间。咄。辣离番。冬冬打鼓祭东关。

晚参。云。弥勒放下布袋。迦叶难陀。生者以寿。死者以葬。城郭以固。三军以强。千金之子不倚衡。古人曰。汝等诸人尽是噇酒糟汉。与么行脚何处有。今日众禅契。欲不出纳。以湮其源。空堂幽幽。有楛(秸)有莞。

松下围棋。松子每随棋子落。当得么。知藏拟作礼。师连棒打出。问。承闻和尚有偈。西溪之西毕竟是甚么所在。师曰。你这癞子。曰。学人普天之下都走过。总不曾见有个人。师曰。广济院去。

晚参。师曰。梅蒸过。蘋风起。修竹畔。桑林里。莎鸡唤醒南窗睡。诸禅者。切忌切忌。梦绕吴峰翠。醒来时。吃冷水。

晚参。云。无今无古。有甜有苦。静坐底静坐。乱舞底乱舞。三十三天尽皱眉。四海龙王笑痛肚。好好。大众。抽衣听打鼓。

晚参。云。缩却颈。伸出手。昔日世尊拈花。今晚外扬家丑。今年是壬寅。去岁是辛丑。天寒人寒时。月下牛如狗。老虎吼。爬当走。道甚么云绽绽路相同。湖南有。湖北有。山东茄。山西韭。咄。草里猢狲打筋斗。

乞来归。晚参。师云。瓦钵凝霜成玉钵。鸡冠缀露变珠冠。夕日颓时。游鳞跳跃。秋月凉宵。澄莹朗彻。且道牛头没、马头回时作么生。

晚参。云。名世法语。妙不在多。惊人活句。流声甚远。近世以古人死套子教人。哀哉。如见鸟将来。张罗以待之。得鸟者罗之一目也。若常为一目之罗。则无时得鸟矣。如被甲者以备矢之至。若使人必知所集。则悬一扎而已。万事不可前窥。万物不可定虑。故先德为人无窠臼。如鲛之为鱼。其子既育。惊必归母。还入其腹。小则如之。大则不复。咄。多少人道。秦人失鹿。天下共逐。

晚参。云。今日前。明日后。白牛背上金毛吼。大众。因甚么一步三回首。莫是客马思归嘶路口。否。宝剑折作镰。悲歌刈霜韭。谁适与谋于天之右。

咄。马郎舅。南阳忠国师。低头作揖高拱手。

晚参。云。从上来关棙子转向人前。卓卓有根有据。使人见之。不敢谓向上无来历而诋先德为奇怪也。如僧问睦州。请师讲经。州云。买帽相头。大众会么。案山欲暮。溪边雪里云藏树。渔艇横斜沙觜露。流年度。风先已向松梢吐。远村四望知何处。行客往来无意绪。急归去。故园正在寒梅渚。

晚参。云。宵灯荧荧。夜雨浇浇。商风冲冲。壁虫薨薨。心之怀矣。惟其永系。逢人则诵。无人则泽。诸贤契。寒则寒。热则热。鸡足家风何者是。怀古思深两行泪。那堪更说听猿时。

晚参。问答毕。师良久曰。禅和子。丛菊吐蕊。寒露依依。灯烛辉煌。白云满地。云门云。虾蟆钻你鼻孔。毒蛇穿你眼睛。且向葛藤里荐取。知也未。

桐叶落。葵花谢。凭你礼拜了归位去。面前鸿雁过。屋后雉鸡啼。知恩者少。负恩者多。

晚参。云。从上诸祖。建立宗旨。圆应无方。以其无方之应。故应无不适。犹若水也。水则源泉混混、昼夜不竭。既似力者。盈科后行。既似持平者。循岳赴下、不遗小间。既似察者。循溪谷而不迷、奏万里而必至。既似智者。障防山而能清净。既似知命者。不清而入、洁清而出。既似善化者。赴千仞之壑石而不疑。既似勇者。感德而生、失之则死。既似有德者。所以汾阳昭祖云。夫说法者须具十智同真。若不具十智同真。邪正不辨。大众。识汾阳祖师么。十智同真虎露牙。别峰相见暮飞沙。细看月明风远近。须知是后是梅花。喝一喝。

晚参。云。众禅德。日短读书少。夜长转侧多。不可不可。如何如何。但知其一。不知其他。只知暴虎。不知冯河。鹿生三年。其角乃堕。

晚参。云。诸禅德。一语不能践。万卷徒空虚。试问目前人。何如天地初。展手。云。是何言欤。

晚参。云。年不过五。月不过五。天堂底乐。地狱底苦。初三十一。眉横鼻直。大开了眼底。因甚么。脚踏实地时。又看不得。若道急则佩韦。缓则佩弦。争奈山头玉树生寒。水里锦纹成织。

晚参。云。红不成雪。白不成血。等闲一事不分明。苦使从头皆曲折。咦。不曲折。大黄体挂穿山甲。天官之大者不名所生。人官之大者不名所职。禅和子。吃吃。

待所不践而后能行。心所知者遍。然待所不知而后能明。老灶兵山。寒云锁石。揶火夜飞星。

除夕。维那恭白云。今日岁暮。大众乞和尚说法。师云。一年三百六十日。什么处去了。众无对。师喝。云。青龙头上出来后。

七月十四。晚参。师云。万物欣交得。江山闲自知。说甚么终日嗥而嗌不嗄。终日视而目不瞚。终日握而手不倪。我忆南湖秋。西山暮云起。击桌。云。大众。几时自恣。知客问。菩提心作么生发。师云。烦恼。进云。学人不知落处。师云。欢喜。进云。明知向上事。学人因甚么不会。师云。十言十当。

十言十告。

僧入方丈禮拜。師云。放過。退云。明日僧上事。僧入因甚不會。師云。

出來。師云。大衆。八知自領。師便回。舊擬伸手來。師云。禮拜。退云。

還不現。僧曰禮而自不讓。僧曰擬而手不見。教有甚麼人。西山暮雨來。

九月十四。號參。師云。白雲萬水交流。江山明月秋。說甚見不因禪師

作良久出。云。不知。師喝。云。青天水上出來否。

深夕。維那春白云。今日普請。大衆各各請說法。師云。一年三百六十日。

續云。維大衆仔細。

僧問不起何故而後能行。心所有者通。既非所有而後能明。未達此山。東云

晚參。云。師論千年後。黃留不古青。甚。出來否。又所設者何。既

晚参。云。先进于礼乐。后进于礼乐。十方虚空。筑着磕着。只有一事可疑。画蛇如何不画脚。还有一件可笑。老祖不识水潦鹤。

晚参。云。居则具一日之积。到则不点。作家不啐啄。啐啄同时失。青天似水无鱼。月钩空钓。千里草。何青青。十日卜。不得生。惺惺惺。日午打三更。耆旧问。古人道。柳色黄金嫩。梨花白雪香。请问和尚还具宾主句也无。师云。出门踏着屎。进云。不长不短。不粗不细。遇见冤家作对头时作么生。师云。为何走到陈朝奉店里。僧喝。师云。这里不曾烧神福。且出去。

晚参。云。言人之美、评彼之过者。智不可及。明不可见。诸禅德。螃蟹入罾。恰似蜘蛛结网。灯蛾扑火。浑如蛱蝶穿花。如何乘世事反近结

[illegible]么。三千威汉门。二百五十。随众吃。谁道证得虚空时。无是无非法。耆旧问。请问和尚。大方无外。大圆无内。为何杏山不种苋菜。师云。睡熟吹土应三年。进云。一言易出。驷马难追。师云。者里岂好打睡铺。

晚参。师良久云。诸大德。我已说清净法竟。是中清净否。是中清净否。是事如是。持余纸半幅。留与五百年后人跋尾。僧出作礼毕。拟归位。师连打三棒。维那问。乌龟入水即不问。相逢不相识时如何。师云。分明是个骆驼。进云。但念水草。余无所知。师云。口里气闻不得。进云。拈却猫儿会上树。未审落花流水归何处。师云。但闻人卖子。不闻人卖爷。

晚参。云。谁令白日晚。坐使远山青。山何为兮高高。水奚为兮深深。

露冷。云。誰分白日露。金飛隔山青。山何不分高低。水何不分深淺。
猶凡會上輩。未審落花流水向何處。師云。向西入火坑。不向入東窟。
個歌行。進云。何念水草。念天何如。師云。口裡說道不得。進云。結舌
且打三棒。進云。那邊。三合入水即有何。拍掌不能說得為何。師云。分明是
是事如是。拈香舉手祝。起身五百年後入鑊湯。僧出作禮云。師
暢矣。師良久云。法大海。教中說清淨法竟。是中清淨法。是中清淨法。
師云。盡理說於臨濟。
若何是山不轉處來。師云。體露火上原三年。進云。一言甚速。如是寧道。
誰道這得廣空時。九天無非限。春日短。龍可奇哉。大方無外。大圓無古。
總知。真是隱然示來者。此意即我若之。三千戒儀二百五十。隨分說。

东方日。西方星。两两三三牧童笑。黄花儿。遍地生。绿叶边。半启扇。

音虫亭。长亭短亭。满目是山青。不宽广。大风斗雨。厉噪儿嘤嘤鸣山谷。

俗众西重公案。师云。你有半点入趣是着手摸。你礼拜。师云。还路入。

迷路、满目是青山好知何。师云。那个所在最深痛。进云。自古东方日落西。

佛殿门。所谓在古。所谓在兮。师云。世相言今善者的处。进云。善哉入

西何意叔大二。师云。你未半一拳几个月。进云。钩音合上转下。大开

何处道通今尽。满面。半头上无人行数。过得到禁林是好手。紧关山堂前。

主。问上士以聚。何满以聚。两人以来。家何以门。大云。古满寒。是何禅。

晓办。云。师说来时。谁有人会理。入禅来来。日不见道。垂语以

遐迩令。垂跋拳。高贵佛门不染尘。非野未镇市事不真。

坞西冷。垂虹亭。龙拖急雨长桥过。带累老祖听事不真。

晚参。云。佛法兴衰。皆有必至之理。人特昧昧。耳不见道。聘贤以圭。问士以璧。召僧以瑗。绝人以玦。反绝以环。大众。白鹤峰。乌龙潭。仰山道底会么。僧问。平地上死人无数。过得荆棘林是好手。紫云山堂前。因何草长丈二。师云。你去年一病几个月。进云。银杏台上种萝卜。大开佛殿门。阿谁在内。阿谁在外。师云。当初吃冷物起的么。进云。新罗人帆飞京口渡。砧响石头城。说什么银香台上生萝卜。树下猩猩弄眼睛。典座问。未从斋戒得。不向佛边求。和尚为何教人发菩提心。师云。伍其良也笑。张伯乂也笑。进云。不因今日。几错招愆。师云。江南矮子。

晚参。问。异类中行、绍隆圣种底向甚么处行履。师云。那有此理。进云。耳听不闻。眼看不见。七手八脚。三头两面。师云。莫进当铺。进云。香严悟处不在击竹。俱胝得处不在指头。未审在什么处。师云。快去叫菜头来。知藏问。当初未欲成相别。恐误同参一首诗。可是到家句否。师云。快快抢行李。进云。既是圣僧。为何头上有漏。师云。几更时候起火。进云。碓觜生花。师云。神明鉴察。知藏拟议。师喝。云。未明三八九。难透祖师关。好笑。头上日轮谁不见。南无佛陀耶。把臂上高山。山头妙窍。

往追不及。来不有年。老天。谁言黄野归来晚。今在罗浮作地仙。侍者问。城中青史楼。云外高僧塔。去此之外。请师指示。师云。江西锡箔。进云。可是下文看注脚。师云。衢州阡张。进云。日出卯。用处不须生善巧。师云。中夫发黄病。

晚参。云。钟山之玉。寒岭之松。比之瑞珉、榆柳无殊。及其烧以炉炭。三日而色不改。处以积冰。终岁而枝叶不凋。咄。日月所照。舟车所载。富岁子弟所赖。你看面前案山。且道多少大。

起七。晚参。云。大众。木若稼。才害怕。何也呢。不见杨岐会祖云。百丈开田说大义。是何言欤。杨岐两日种禾。亦有奇特语。达磨大师无当门齿。且道意在甚么处。禅和子。山头日日风和雨。行人归来石应语。情尽桥名折柳桥。任多离恨絮条条。良久。云。唐朝雀皓写翎毛。

坐七完。除夕。晚参。云。年穷月尽了。衲衣下事作么生。众禅者。

代地燕京北。荆湘百粤南。休妄想。莫卜卦。不是山间不似野。月在傍边星在下。这话且罢。毕竟如何是衲衣下事。僧答不契。师笑曰。阿难是佛侍者。云水堂寮主问。每日三条线。长年一衲衣。还有别传事也无。师云。泥松墙倒。进云。娘生臂子短。氏钵使人持。师云。前功俱废。

大雪。晚参。云。明明向你道。错过也不知。苦哉。佛陀耶。何处寻踪迹。大众。朝寒不能起。夜寒不能睡。梦里见湖山。几点雪中翠。喜喜。洗面触着鼻子。

冬至。晚参。云。大众。先德眼目。越洪宁之荡荡。追玄漠之造化。

兮至。歸兮。云。大人。大人。老爺喚回。遂再令人傳話。這客店人亭行。

餘着身手。

大人。前演戲龍是。夜來又龍糖。安重見頭出。八是雲中碧。喜喜。我回

大雪。愛發。化。明明油存道。繙迹有不知。吉恭。樂行樂。何以半躬道。

流出播園。洗出。象去譜半濃。只體腹入林。中吉。前由貢家。

像春。你水曾存主道。戲曰三分收。求半一料衣。而有限客書去行。主張。

曼在下。這語且器。行壽后何其括衣下書。僧谷不集。倚我自。何雖真潛

故始漢京北。潮浦百書書。深奇海。莫十書。不是山田有文好。日在曾西

主人完。篇夕。愛發。云。其分日尺了。補衣什書有及主。只禪者。

析解析。住多南民實分分。良久。云。唐明清語同細已。

跨五三其无偶。邈卓立而独奇。看却今时羽族盛兴、毛群并起。上蔽云穹。下被皋薮。一尘才动。大地全收。咦。晚来初雪霁。烟火隔林微。一径牛羊入。狐村桑柘稀。玄鸟冬至之日祀于高禖以请子。诸禅者。知也未。知客出。问。道著不著。狐云野鹤。是何语话。师云。你是那里户籍。进云。山舍一年冬事办。得闲谁管竹竿低。师云。有管队在么。

晚参。云。僧家无累。以世界为影柱。上观先哲。深原道德。下考市流。乃足以羞。禅和子。凭栏莫与禽鱼共。水底月明谁得知。咦。有趣有趣。热熬猢狲卖俏俐。

晚参。问答毕。乃云。洋洋乎盈耳哉。作者七人知也未。玉环击碎令人惜。妙手良工修不得。镇江客。双峰山外衣衫赤。帝释宫中飞檀特。

晚参。云。今古应无坠。分明在目前。因甚又有客愁繁似雨。乡路草芊芊。知道了。回首奎头树。似接古塘烟。蛙鼓萤灯蚯蚓笛。莺歌蝶舞鹧鸪天。苍天苍天。

晚参。云。生余人间世。夫岂不犹人。若少松柏共。除非天地亲。良久。云。咄咄。破衲数十年。白发四五寸。经书不记卷。熟睡不记顿。

示众

示众。师云。一二三四五六七。风响槐凉似人迹。泉落不归山。东流更西出。唉。不闻正旨。则志不弘。不明向上。凡心不息。溪谷被繁霜。狐儿当门泣。嗟嗟。近世禅道。俱以门庭为宗乘结构之端。何热乱之婉而

多风也。至于说法皆以套古作见解。有如鹤唳空山、猿啼断岸。使人深入迷魂队里。渺于天外奇峰。令人莫测。呵呵。

示众。云。佛祖以众生之耳目为视听。众生之心为心。端坐而自化。居成而不有。斯可以谓得正法也。诸贤契思于正法。道不远人。念静而众生自清。不疑而众生自信。不私而众生自公。贱珍则众生去贪。彻侈则众生从俭。用实则众生不伪。崇让则众生不争。始得人心和平。众生淳质。乐其生。保其道。优游大德。以慰老僧厚望。

天台归。示众。云。下烟萝。过西涧。晴空落落。潭底漫漫。纽牛列三。成群和响。拈一去七。雨后鸠鸣。会也会也。百岁老人入漆瓮。

先老和尚诞日。示众。云。连城之璧。瘗影荆山。夜光之珠。潜辉郁浦。

玉无翼而飞。珠无胫而行。扬声于章华之台。炫耀于绮罗之堂。衲子有胫。岂可汩没至殆、蠹才于幽岫、腐智于柴荜耶。行森今日烧香供养先老人。酬恩报德。大众。要当绝尘寰。岂是看平素。

示众。云。若说一个。自己懡㦬。若说两个。大众懡㦬。若说三个。人天懡㦬。若说四五六七八个。十方三世无处蹲坐。诸禅德。你道慈翁有过有（无）过。

示众。云。四海和平之福。只在随缘。一生牵惹之劳。皆因好事。古宿与徒同坐。徒闻车马声出观。宿喝曰。汝非我徒也。大众。个个难抛妄念。人人怕老其身。与谁两两争输赢。恁地不知安分。咦。卜筭从来不准。凭天自有前程。筭来懞懂胜聪明。落得无愁无闷。若过望便千般未圆。若安分便于今十全。且喜安闲清健。向这壁把茶杯拈。向那壁把草鞋安。

示众。云。一切众生皆有佛性。一切众生皆无佛性。诸禅者。茆溪平生愚鄙。无他好。独好五家语脉。好明古人宗旨。不好掩目害后贤。而性负疏懒。不能骫骳取名、圆转滑稽、以游市井。苟非从佛法相视。鲜不对面失之。所以云。流水韶华。东山日上。西溪月斜。看弥勒楼阁。壶中洞苑。别有平沙。惜于今。红尘白浪。天涯回首处。衰柳啼鸦。叹汤峤堂前。穿帘燕子。今在谁家。

普说

普说。云。今时语录。动使四六长篇。或拈颂诗文百十首。自矜多才不知意。皆人人盗袭之意句。皆人人套古之句。特东补西凑。矫强成篇耳。

了无半语一字发己心眼、开人性灵。虽多亦奚以为。上代宗匠。遗一则机缘明透亲切。使人见之。直下廓开正眼。岂曰少乎。多为少善。不如精一。鼯鼠五能。不成正术。徒耀其狂猾狡猾、虚炫猖犄耳。大众。莫学卖弄。率多游谈。妄自矜夸。失道德之大体。尚糠秕之薄俗。万辈之中。一不足取。纵合时务。玷污先圣。然人非不知。特知之而不改耳。或互相奸私而取印证。趣世炎凉。不惧愆尤。专恃外护声势。越加彰恶。此乃侥幸之徒。不足以语也。诸禅子。欲明先祖正眼而不以己之所蔽者。速改。犹注《本草》、解《参同》而不知自病之深痼。哀哉。

普说。云。大众。今日小年。好个消息。风霜冰雪。刻露清秀。以山色言之。四时之变亦多矣。而惟经风霜冰雪之余。则有一种奇韵。淡淡漠漠。

起于艳冶浓丽之外。而若温和盎盎百花献巧争妍者。不可胜数。惟梅花独于风霜冰雪之中以标格韵。致为万卉冠。而世人徒知万物华于温燠之余。殊不知长养于寒沍之时者。为尤奇也。由此观之。衲僧若处丰厚安居饱食。毫不沾风霜冰雪之气。纵有所成。去凡品不远。惟夫参叩于迫拶困衡之极。有志衲僧往往淬砺磨炼琢成法器。何者。参究震撼之后。灵机逼极而通。正眼开焉。乃至续佛慧命。学问皆由此出。而况世缘诗文乎。今者大雄诸禅。尽是久参遍历丛林。发愤穷极苦志。欲学古人。为法真切。迥出埃壒。有如叶落见山。古梅舒蕊。老僧每观群禅而喜之。私念此非经风霜冰雪之余、有以销磨其习气而然欤。先祖有言。能推食与人者。必能忍饥者也。赐之车马而辞者。不畏徒步者也。若畏饥而惮步者。欲法道兴。其吝为之。吝为之不亦多乎。而今诸子知法道之难为者也。必无难。法道兴矣。老僧以此期诸子焉。

拈颂

僧举毗婆尸佛偈。师拈曰。坐深梅气断还续。柳眼开时枯干秃。寒凫犹傍南塘宿。速速。蛇珠在口。鳖珠在足。鱼珠在眼。蚌珠在腹。毗婆尸佛。毗婆尸佛。

知客举南泉斩猫公案。师拈曰。月上起日。日上起时。作寒作热。太岁不利。一刀两段。斩却猫儿。弹指一下。百无禁忌。

僧举。洞山初曰。五台山顶云蒸饭。佛殿阶前狗尿天。刹竿头上煎䭔子。

三个糊猕夜簸钱。石霜云。风吹石臼曾哮吼。泥捏夜叉空里走。趯翻海月乱波生。惊起土星犯南斗。道吾真云。三面狸奴脚踏月。两头白牯手拿烟。戴冠碧兔立庭柏。脱壳乌龟飞上天。保宁勇云。一与佛祖为师。一验衲僧眼目。一与天下人作榜样。师拈曰。江东村个个出来称大官。四五月间天大旱。掀起方巾舐粥盘。

僧举。南泉示众三十年来牧一头水牯牛公案。师拈曰。和和和。东西几何。南北几何。归去归去。免风免雨。耕耨以时。实我仓庾。

书记举。雪峰于法堂前坐。众集。峰指柱杖。云。这个为中下根人。僧问。忽遇上上根人来时如何。峰拈起柱杖。云门云。我不似雪峰打破狼籍。僧问。未审和尚如何。门便打。师拈曰。雪峰拈起柱杖。云门问着便打。慈翁即不然。

忽遇上上人来时如何。但云。去。汝非其人。

老和尚举。僧问资福。古人拈椎竖拂。意旨如何。资福曰。古人与么。

那僧复问。拈椎竖拂。意旨如何。福便喝出。师颂曰。鳌身映天黑。鱼目射江红。乡树扶桑外。主人孤岛中。

黄龙三关

颂曰。人人有个生缘。国清寺里丰干。日里随缘作梦。夜来骑虎看山。

我手何似佛手。拾得放下苕帚。串头茄子带糟。寒山呵呵拍手。

我脚何似驴脚。踢起天昏地黑。虽然用处无多。也胜宝应四喝。

侍者举。云门初参睦州。州搊住云。速道速道。门拟议。州拓开。云。秦时䡾轹钻。师颂云。秦时䡾轹钻。莫道无希罕。如今古庙前。好似延宾馆。

老和尚举。宝寿开堂。三圣推出一僧。寿便打。圣云。恁么为人。非但瞎却这僧眼。瞎却镇州一城人眼去在。寿便归方丈。师颂云。辚辚车甲马萧萧。路上行人弓在腰。四顾寥寥云影断。一轮红日正昭昭。

法语

示徒。云。衲僧家心无着于是非。行不违于道德。气静心空。不存矜尚。体亮意达。不系于欲。矜尚不存。则能超名相、任佛法。心空气静。则能审得失、调万物。万物调。大道无违也。名相超。是非无着也。故衲僧以心空为主。调物次之。众生以匿情乃堕。以违道乃苦。匿情违道。故受沉沦。古德曰。吾无己。吾又何患。所以先祖用心。不滞于情。而后行不离于道。而立法活脱无依。廓达灵明。澄然忘贤。而与法具。恍然任心。而与道合。侥然无染。事与理融。吾徒勉之。

示邦宁周护法。法名超凤。春池拾砾者。怀宝觅前程。唐人怿不出。火把照鱼行。渔翁稳睡。潭深且清。周之至德。朝阳凤鸣。玉翻荆岫寒光动。剑出丰城紫气横。咦。高飞良马因鞭影。归去来兮见太平。

示徒。云。道不属修。不属不修。然而行解相应。名之曰祖。上僧忘名。中僧立名。下僧窃名。忘名者。体道合德。享人天之福祐。立名者。修身慎行。欢荣观之达显。窃名者。厚貌深奸。扬浮华之俗态。足之所履不过

数十。然而咫尺之途颠蹶于崖岸。拱抱之梁沉溺于川谷者。为其立无正地。衲子学道。抑亦如之。

示徒。云。凡说法。须从胸中流出。先有眼目而后发之宗旨。则纵夺自如。不落常套。若就事说理。承言接语。一有留滞。虽甚工巧。终属死格。

示侍者。云。衲子怀佛祖志。处末世。未遇知音而独往独来。胸中一段不可对人说。并无人知之。苦心酿成孤愤。无伦骨气。令人想见。俯仰丛林。以名世自居。始得称行脚。见盐官来。然后或隐或显。更须知时识变。逆顺同根。恶善共域。逆境所倚。反而为顺。顺境所伏。还虑成逆。恶境所现。或能为吉。善境所降。恐回成凶。逆顺善恶。难以类推。见不善而修德。则恶反为祥。见善而不修德。即善还成恶。故境风警衲僧。市刑警俗子。

境风不能胜智眼。则恶反成善。市刑不能胜道德。则逆转为顺。故所谓有逆必惧。惧必生敬。敬则有顺。顺必有喜。喜必生骄。骄则有逆。是以祖师荣至不生喜。愈敬慎以检诫。其身辱来不为戚。愈修谨以为务。唯论道论禅。用意用句。若断若续。似显似微。古人作用宗旨。直须透顶透底。不可轻易放过。思之思之。

示形山宝上座。云。全提格外。独步机先。诸佛慧命。相继联连。形山宝子。重加意焉。所以云。三方鼎峙。九有未艾。圣贤拯救之秋。衲子树功之会。我今付汝。正法眼藏。汝其光大。嘱嘱。

题墨竹示杨超祖。云。来公石。陶君菊。周子爱莲。何似竹坡仙。曾有言。无此令人俗。心空节劲。质直如玉。

乃見今人分。以空寂爲。而直截耳。

謂達摩示西來祖。示。未句后。西哲論。歷乎震旦。何合乎者焉。當在言。其治之今。教今作安。正法眼藏。以其先大。寶藏。心寶乎。重之意焉。所以法。三方集矣。乃有未之。全無(?)救之(?)。然乎亦非心宗上乘。然。全提按乎。故安排矣。諸佛慧命。由斯承之。於不可執著者於此。即以識之。

法禪。用意所向。若能打破。如是見得。古人作用宗旨。直須達頂達處。師家至本主者。須深觀以格識。其實得來不易成。愈靜謹以爲分。座下修道運於其。其以未識。識則有順。順以有善。善以生耕。靜則有道。是以道境則未能障者耳。直見能事。亦遠不能過通德。則道德者順。故所謂有來剌譯書博而謹。循文者真而確。得其本義之而務存者。守持以求其確。何也。

論、原理、格議。非淺者言。非淺本來。文淺以教。合古以道。善學。所

不知可實行。其意入實已。夫自尊而輕者于入。而不謂已而不來諸入。且評

信。善則及奧不厭。而明達其善誼。而明止而無自尊。惟其奇拾，亦名名義

則和其所以來。不見其所以然。則和其所以然。知究心精，天演諸。大道究

擴入文已。審已文人。無他則無暴華容。及其繹則已無解疑矣。原其所以來。

論者譯譯。禁文譯。宇帑譜者。而俗帛。宇譯文譯。不見通翻譯，西書來。

其詬信以固。惟未逮也。《說文》不《爾雅》繫制。《說文》《方言》譯說。皆

貴尤不過無辭。非能累見而實。其以譯出之。天下後習同來十年。彌足多來。

示教。云。語中行語。毋不必為之者。譬如譯學諸若是。語不盡止求道。

示徒。云。衲子行脚。毋友不如己者。雪峰得岩头。始于鳌山成道。黄龙不遇云峰。那能复见石霜。是以浮山远、天衣怀同参叶县。敦笃为法。其誓信以固。惜夫近世。《伐木》有鸟鸣微刺。《谷风》有弃余薄怨。而论者谆谆。疾浅薄。宁怀携贰。恶俗党。宁绝交游。不见琅玡觉、芭蕉泉。慎人交己。审己交人。出世则无暴集客。处静则无邪僻宾。原其所以来。则知其所以去。见其所以始。则知其所以终。如死心新、灵源清。友道交信。善则久要不忘。恶则忠告善诲。否则止而无自辱。如道吾智、云岩晟不为可弃行。不患人遗己。躬自厚而薄责于人。求诸己而不求诸人。如保福、展明、招谦。非禅不言。非法不亲。交游以戒。会友以道。噫嘻。迩来刺薄者博而滥。断交者真而狐。与其不获己而矫世。宁将从夫狐。何也。

朝涉溪犹浅。暮涉溪忽深。水犹如此变。安可测人心。

示天镜前上座。云。慧命相继。始于正悟。而终于宗旨。繁文不与焉。后贤虽有根本。而不加之明眼则必惑。毋谓拈颂易学、旨脉难识。世皆知浸水及物则生。其所不及则死。不知日月之所照功莫大焉。禅流受法甫甚远。不识其由来可乎。吾徒识之。

示徒。云。心如虚空界。示等虚空法。法无差等。愿有大小。器有宽隘。量有巨细。任有轻重。所取未可舛乖。万硕巨鼎。不可满以盂水。一钧纤钟。岂可容于涌流。十抱良木。不可盖以茆茨。榛棘蒺藜。岂可负于宫殿。小非大所任。大非小所载。重非轻所制。轻非重所用。以大任小。必有枉分之失。以小容大。必有轻溢之危。以重处轻。必然伤折。以轻载重。

以有形分以求。以小分大。以有形論以色。以重分輕。以取捨行。以得數實。宮殿。小非大所住。大非小所救。重非輕所制。輕非重所困。以大住小。論分析。完可分十論深。十指見本。不可盡以辯說。等來疑義。究竟可分十論。量有自身。住有取重。所取未可分者。以顧自集。不可議以益求。一示寂。云。以真實空界。示等實空法。法本無等。處有大小。諸有實不以真由來可分。各禪法以入。

讀永不久為則生。其所不久亙所。不知自且以所緣功果未甚。爭流受生益甚深。而自資萬有非本。而不知以明果生分處。每謂想念罷游、而雅離說。各語者・而天饒前上處。衍。讓命相錯。若干自齊。而孫千非個。敷大本品惠。莫渾濛茫洸。暮清深闢。非精者之矣。若可遍了心。

必致压覆。鹍鹏一振。横厉寥廓。背负青天。足蹠浮云。有六翮之奇资也。海骊神騕。腾飞万里。绝尘掣电。有迅雷奋发之力耳。令以燕雀慕冲天速疾。犬羊学追日飞步。知其必不能及。奔蜂不能化藿蠋。越鳭不能伏鹄卵。何也。盖神龙能变化。故能乘云驱雾。佛祖能利生。故能承道立法。云雾虽密。蚁蚓不能升。法道虽同。无眼不能行。智小不可以谋大。愿狭不可以处广。以小处大必危。以狭处广必败。愿小而承大。谓之滥。愿大而任小。谓之降。而其失也。宁降毋滥。是以佛祖量才而授承。量承而授法。则师无虚授。徒无虚承。故无危累之忧。衲僧为法智眼。可不慎诸。

示宗汉朱护法。云。曹溪水。向西流。一片月生海。几多人上楼。火可冷。冰可热。艳紫乌能混朱色。优波趜多丈室盈筹。不已而已。多少人摸索不得。

示松云明上座。云。四时常青。岁寒不改。岂非松乎。万化千变。出没太虚。岂非云乎。此乃上古风韵也。子其有可尚矣。履立标格。应如松之坚刚。济物利生。须似云之布泽。以布泽之云。培坚刚之松。则其宾主互换。当何如也。以布泽之利生。用履立之标格。则其夺境夺人。轰雷掣电。宜何如哉。夫松者。以慧命为根。以道眼为株。以纲宗为枝。以向上为叶。云者。以因时为权。以妙密为实。以收放为照。以变化为用。岂世间所谓松之为松、云之为云也欤。明上座。思之勖之。

示徒。云。日月至明而浮云蔽。河水至清而沙土秽。性源至静而嗜欲害。故先佛不贵显达比丘而贵知愧僧也。若由富贵兴禅者。贫贱时吾恐其惑乱。若由贫贱兴禅者。富贵时吾恐其骄邪。唯有谨慎比丘。富贵而眼不明则惭

愧。贫贱而眼不明则惭愧。在得师友之功。吾信斯矣。蓬生麻中。不扶自直。白沙在泥。与之俱黑。是故衲僧择友而交。譬舟车然。相济而行。己先则援。彼先则推。行则为友负。无席则寝其趾。若富贵而迷。不如贫贱而悟。生以辱不如死以荣。故古德为法忘躯。不隐其短。不知则问。不能则学。取之王也。

示徒。云。世事熟者不逆人情。人情通而不通正法。外矣。正法通而不通道眼。乱矣。道眼通而不通料拣。杂矣。佛法明眼为贵。眼明旨的。而道方显。续佛慧命。宗乘之所以建法者三。一曰眼。二曰戒。三曰志。眼以为本。戒以行。诸志以成。诸衲僧必不得已。守一于兹。眼以为主。衲僧所以择法者有四。诚其心。正其智。实其德。定其旨。心诚则诸佛应之。

况诸众生。智正则人天顺之。况于万物。德实则功立。旨定则不乱。古德所谓禅者彻悟。今人所谓禅者邪解。先德有言。适东而西辕。错矣。

示豁庵文上座。云。但凡说法。于时套最近、口耳最熟者。须极力出脱。莫学邪禅争习死句。须知宗旨、语脉、自性。生机尽而有余、久而更新者。当深扣之。若习古人陈语。以此相尚。便为俗禅。然而亦有离而上者不可知也。盖佛法正脉。不尽绝于天地间也。无一切趣下之理。

示徒。云。禅以静兴。以杂衰。法以正安。以邪乱。古今常论。世所共知。然而衰禅乱法继踵不绝者。岂是时无明眼尊宿耶。诚苦法道不行耳。十步之间有茂草。城市山林有宗匠。曹溪有二桂。汾阳有六人。今以宗门盛行。衲子繁庶。丛林丰隆。知识纷纭。而师无智眼。徒无正悟。非世之

无贤。皆因接之乖实。志道者少兴。逐俗者多侪。朋党用私。背实趋华。印证者不辨质干。不审材行。虚造声誉。妄生毛羽。滥于许可。止取热闹。览察其状。则德侔大衲。详核厥能。则鲜及中根。而乃虚张高誉。强蔽瑕疵。以相光耀。嗟乎。佛祖慧命。至此穷极。师家之唱。若声学者之和如响。长短、大小、清浊、邪正。皆从师眼。故先祖接人以短取长。慎于料拣。令使授受。必核以实。若其眼邪。勿强衣饰。出处、语默须辨根器。则云门、赵州、德山、临济何虑不企踵而致耶。

示徒。云。理无常是。事无常非。先日所用。今或置诸。今日所弃。后或所取。投隙抵时。应事无方。在乎明眼。若欲眼明。在乎力参。世皆知以衣愈寒。莫知以勤愈贱。故先宗大德立志于勤苦。以见自性。未劫衲僧倘能砥砺其材。自诚其明。睹俗生惭。彻证本源。观始终诸端。览无外诸境。逍遥乎无方之内。彷徉乎尘埃之表。卓然独立。超然绝俗。追踪上古。友贤前哲。筹策邪正。以识祸福。穷搜本末。设义立度。死有遗法。生有芳名。此皆衲子之所当行。然而莫肯为者。沦漫懈坠。纵情故也。盖勤者。立身之大本也。仪状齐等而眼明者胜。质性同伦而勤苦者成。是故砥砺琢磨。可以利金。勤苦参究。可以历心。大凡衲僧欲深察法旨。以垂芳名。未有不从参究克苦而成者。如水积成川。蛟龙生。土积成山。豫樟长。勤积成功。荣达至。千金珍裘非一狐而成。台庙诸椽非一木而支。历劫心垢非一日而能净尽。是以先祖勤苦参究。其行可法、其立可法、其坐可法、其颜貌辞气可法者。此也。

足可法者。此也。

雖淨盡。是以兼犹勸苦參究。其行可法。其言可法。其道可法。其願發萃宗迷重。千金珍裘非一腋而成。合抱構樑非一木而支。歷劫心源非一日而本以參究竟苦而成者。易水難成三。敘前之生。可以成止。察尊卑。勸苦成功。可以劍金。勸苦參究。可以歷心。大凡語言殺活寒法理。以惠斯為者。本在主宰之大本也。又非本攝而與明者與。而證向從而勸苦者成。是以成所本源。者。是以智語乎以所自行。然而莫貴為者。仍從嚴辭苦。然清成矣。盡勸者。大情前者。養求帝王。以求其福。若稅本末。後大主廣。有遠謀。是有諸境。逍遙乎天下以為。行禪乎生來以來。平然抵生。超然絕俗。遠離上古。僧倫會成而其林。自成其明。臨濟宗風。得正本源。觀靈化苦。覺元外

示德文殊。云。道行惟让。临事惟平。立身惟清。清则无欲。平则不曲。让则无诤。三者备。然后可以说法。衲僧尽悲愿、行道德而不化者。缘时未至也。众生莫不欲安。佛祖顺而安之。莫不欲善。佛祖教而善之。笃以大义固其心。导以清净和其气。宣佛弘愿大其化。施仁行惠。莫用威刑。视佛与群生。如观己体。则众生爱之如父母。出世为人岂细事哉。德子勉之。

示徒。云。上古师僧行脚时。品高韵逸。气静神闲。而意致幽深。语味不尽。故称僧中绝伦。季世堪嗟。学游谈而称悟道。及乎付法住持。施施佛祖容貌。丐丐市井污行。多方营求盛利。盛利至则随积败德慜尤者。何也。不能知耻知过而附集者不正。恣情纵欲则翼佐者邪群。故法道存亡于是乎在。谛审先宗哲匠。高蹈独往。以法自任。身寄五浊波流。心越三界之表。道全于内。遗物于外。岂与俗辈竞门庭而饰佞世媚容耶。如上林喋喋𪀦枭、春蜩夏蝇聒耳。德业不足以相涉。聪明不足以相资。盖魔外党队见称波旬。迦叶苦行谓为法王。则衲僧不在于声色也。今丛林稜稜。知识苐苐。谁念祖宗正法。伤哉。人入豺狐狼伍。方思狮子智明。处于不德恶族。始信高操不渝。咦。法道凌迟。须当竹柏其行。虽岁寒而无改。峨然卓拔。确尔不移。莫蓬转以循俗。莫易志以趋流。然而任法道者。不能免群恶不生憎。不能使魔外不侵害。故苦且难而多贫。顺世情者乐且易而皆富。是以俗流莫不委此而就彼。秉操孤立者。志定计决。劝沮不能回。知足知止。忧患不能入。困顿而弥坚。穷独而不悔。呜呼。处此末运。可谓长吟。甚于痛哭。

示明宇王护法。法名超麟。人间麟儿出。天上见文星。正当与么时。

菜园墙倒晴须筑。莫待庐穿漏始醒。南兮北兮。三拎五停。进前两步。转脚千扃。呵呵。杨眉鹞子过。照顾自家珍。

示云子骧维那。云从龙。风从虎。圣人作。万物睹。天王峰上祖峰高。放下身心三四五。

示雪安映上座。月映千江。持竿独钓。烟波静。晚风初定。一只船儿正撑出。溪湾细阅杨岐景。开雪径。双峰庭前。与子安心竟。

机缘

僧问。如何是鸟道玄路。师云。白云飞起红叶落。进云。文武兼济人来时。如何施设。师云。不许饮酒食肉。进云。邪法难扶时如何。师云。岂有此理。进云。如何是正法眼。师云。早晚也。进云。何以为之大机。师云。来。进云。何以为之大用。师云。时。进云。异类中如何行得。师云。斗有大小。秤有轻重。进云。疑情未息时如何。师云。鱼劳尾赤。人劳头白。

同参问。首座亲见老人是否。师云。是。参云。还有奇特事也无。师云。扣冰人少。崇福人多。

出來入寺。業識入身。

西堂問。首座未出來入定時。師云。是。僧云。何在拳頭邊。師云。

拈住話頭。進云。擬議未審時如何。師云。向前開處。了卻兩首。

進云。何以治於天下。師云。好。進云。拂袖中間如何。師云。斗在大寺。

理。進云。如何是正法眼。師云。早晚去。進云。何以至於大定。師云。來。

如何頓悟。師云。不許夜行投明須到。進云。密嚴佛法有如何。師云。許你有。

僧問。如何是直道無路。師云。白雲心處十字。進云。只如萬法入來時。

機緣

明道正覺森禪師語錄卷下

僧入室。请师决疑。师云。鬼谷老爷不在家。僧云。岂无方便。师云。归去门前自打氏。

僧问。如何是清净法身。师云。普请担泥。僧云。因甚学人不会。师云。有直步在。僧云。如何是超佛越祖之谈。师云。依教奉行。

僧云。牛头横说竖说。不知有关棙子。如何是关棙子。师云。止。僧拟议。师云。去。

僧问。如何是妙唱不干舌。师云。罕遇知音。僧云。如何是死蛇惊出草。师云。照顾性命。僧云。如何是铁锯舞三台。师云。呆鸭闻雷。僧云。如何是解针枯骨吟。师云。切忌寐语。

僧问。终日纷纷扰扰。如何是不动尊。师云。天晴快走。僧拟进语。师云。

换手搥胸。

僧问。四方八面来时如何。师云。门前石马脚撩天。

僧问。羚羊挂角时如何。师云。引我笑。

僧问。一等是水。因甚海咸河淡。师云。莫矢溺。

僧请益。云。不假半寸绳。如何出得深井人。师云。赖遇天溪。进云。大似失便宜。师云。看你颠倒。进云。乞师方便。师云。大圣紧那罗王菩萨。

僧问。如何是玄中玄。师云。日长夜短。

僧问。佛心无处不慈悲。观音大士因甚不去高丽国。师云。谢汝馒头汤饼。

游山归。问僧。涂毒鼓。闻者皆丧。因甚去者不死。僧下语不契。师

示偈云。山上鸱夷又买舟。清风明月几时休。欲知进退存亡事。只问归来

示偈云。山上鲤鱼大头无角。请问明月几时休。综合进退在行事。只问归来谈山行。问僧。谷壶栽。问者当来。因甚当者不死。偈下语不契。师

僧问。佛心未见不落悲。观音大士因甚不去当面圆。师云。谢弟撒头沉碎。

僧问。若何是寂中寂。师云。日头收拾。

大众来便宜。师云。春行顿奈。进云。习师命便。师云。大众都那宝主善药。

僧请益。云。不假井中鱼。若何出得深井入。师云。猫遇天深。进云。

僧问。一拳是水。因甚搞散何伏。师云。集木面。

僧问。羚羊挂角时若何。师云。汁救笑。

僧问。四方八面来时若何。师云。门前后已翻落天。

综丰壶谈。

郑化州。

僧问。昔日赵州勘破台山婆子。毕竟在甚么处。师云。天开河。进云。学人不知落处。师云。斋堂东边。进云。乞师慈悲直说。师云。赵州两只眼。婆子一条舌。五台山上去。旧路岭莫歇。

僧问。如何是先照后用。师云。临济来也。僧拟议。师便喝。僧云。如何是先用后照。师𢭃住。云。道道。僧茫然。师遂托开。僧云。如何是照用同时。师掌。云。非驴所堪。僧云。如何是照用不同时。师云。不知痛痒汉。僧喝。师云。再喝看。僧又喝。师便打。

僧问。如何是无相涅槃。师云。五里亭。十里铺。僧云。因甚学人不会。师云。驴前马后。

僧问。如何是云门顾、鉴、咦。师展手。云。那。僧拟议。师云。了。

僧再问。师云。去。

僧问。劈面来时如何。师随声便掌。

僧问。如何是大雄山底佛法。师云。白额当途坐。僧云。还有方便也无。

师云。阇黎莫夜行。

僧问。如何是西来祖意。师云。南人瘦。北人肥。

僧问。诸佛出身处且置。如何是和尚安身立命处。师云。你却跳得好。

僧喝。师云。为什么。僧拟议。师打退。

僧问。因甚不点路灯。师云。一任瞎闯。

僧问。入门便喝便打。意作么生。师云。祖师在你背后。

僧問。入門便喝便打。意作麼生。師云。祖師在你背後。

僧問。因甚不点路行。師云。一任瞎闖。

僧喝。師云。去什麼。僧拈坐具。師打趁。

僧問。請事出身处且置。如何是當面安身立命处。師云。你都跳得好。

僧問。如何是西來祖意。師云。出入廛。此入廛。

師云。闍黎莫夜行。

僧問。如何是大雄山底佛法。師云。白額虎出坐。僧云。你有多少威气。

僧問。背西來時如何。師隨聲便掌。

僧再問。師云。去。

僧問。如何是雲門顧、鑒、咦。師展手。云。拂、拂。僧拈坐具。師云。卜。

僧问。不慕千圣、不重己灵时如何。师云。你五戒也不持。僧云。古人到者里为甚不肯住。师划一画。僧喝。师云。好喝。僧拟议。师便打。

僧问。金锁断后时作么生、师云。脑门着地。

僧问。堆堆坐禅。图个什么。师掩鼻。云。出去。僧茫然。师云。走来。僧近前。师云。三黄丸好。

僧问。从上宗乘如何接续。师云。日东上。月西下。僧云。与么则人人有分也。师云。知章骑马似乘船。

同参问。如何是首座家风。师云。没篱没壁。参云。忽遇贼来时作么生。师云。凭你摸索。

僧问。毕竟如何是佛。师云。撞不破便烧。

僧问。如何是梵音相。师云。铺堂不细行。

僧问。箭锋相拄时如何。师云。过者边立。僧喝。师便笑。僧拟议。师云。大好箭锋相拄。

僧问。作么生转得自己归山河大地去。师云。昨夜好秋雨。

僧问。如何是和尚为人处。师云。呆子呆子。进云。不落古今句作么生道。师云。官久必富。进云。七佛未出世时向甚处行履。师云。疑人莫用。

僧入室请益。《心经》云。揭谛揭谛。意旨如何。师云。孔子产山东。文才今古通。大夫天下有。白屋出三公。僧云。学人不知落处。师云。自卫返鲁。

僧问。一人发真归元。十方虚空悉皆消殒。为什么方丈后泥挑不尽。师云。

鬼吃馊馒头。

僧问。既是报恩人。因甚不识金车山。师云。看你打之绕。僧喝。师云。有甚了期。僧拟议。师云。还怪得我么。便打。

僧问。山河大地还有过也无。师云。缺嘴打锣。

僧问。乍起乍灭时如何。师云。不是鬼灯。便是萤火。

僧问。如何是观音三昧。师云。夜来孩子哭。僧云。如何是文殊三昧。师云。日里踢绣毬。僧云。如何是普贤三昧。师云。乞公庙里失毡笆。

僧问。心佛俱忘时如何。师云。谁与么道。僧拟议。师喝出。

僧问。浩浩尘中。如何辨主。师云。饭里沙多。僧云。谢师指示。师云。莫乱嚼。

僧问。无梦无想时。主人公在什么处。师云。大众笑你。

师问僧。仙乡那里。僧答。合浦县。师云。明珠拈出看。僧无对。师云。想是新戒。

师问座主。金刚且止。唤什么作经。主拟议。师便笑。主问。如何是经。

师召云。法师。主应。诺。师云。好个座主。主指茶钟。云。者里有赵州也无。

师云。匙挑不上。

师问。一切葛藤。敲门瓦子。如今门开也。瓦子在什么处。僧茫然。

师云。可惜七间僧堂。

僧问。一字不着画是什么字。师云。鼻大心无毒。

僧问。未生之前即不问。如何是赵州勘破婆子处。师云。饭饱弄箸。进云。

某甲即不然。师云。要屙那边去。僧无语。师云。急归堂。

僧问。如何是有柱杖子与柱杖子。师云。伶俐好。僧云。如何是无柱杖子夺柱杖子。师云。懵懂汉。

僧问。目前荡尽时如何。师云。更梦见什么。僧作礼。师问。汝名什么。僧云。南山。师云。南山起云。为甚北山下雨。僧无对。师云。春无三日晴。

僧问。百尺竿头进步时如何。师云。三月三。僧云。学人不知落处。师云。起席不谢坐。僧云。从今得个安乐地。师云。又冢旧痕多。

师问僧。抑而为之。可谓贵人多忘。拟向那边施设。僧无对。师问傍僧。若也鉴不出。落地作金声。你道作么生。僧拟作礼。师便打。师游牛首时。路逢一道者。者弹指一下。问云。是何宗旨。师云。老鼠吃盐。者云。如何是藏锋句子。师云。东西南北。者云。如何是事藏锋。师云。隔岸醉人多。者云。如何是理藏锋。师云。满江野鸭子。者云。如何是事理俱藏锋。师云。水里船。船里水。者云。如何是事理俱不藏锋。师云。上底上。下底下。者便作礼。

僧问。万法归一即不问。毕竟一归何处。师云。昨日典座来。今朝柴头去。

僧问。髑髅粉碎时如何。师云。僧排夏腊。俗列耆年。

僧问。供养百千诸佛不如供养一无心道人。诸佛有何过。无心道人有何德。师云。打鼓转船头。

僧问。王索仙陀婆意作么生。师云。听事不真。僧云。古人点铁成金。乞师直捷指示。师云。淮北鼓。

僧問。如何是大道皆歸處。師云。古家孫下。進云。如許千人華嚴不現前。時在那裏辨。如何是至道。師云。不蓋不處。進云。學人今日得遇和尚。師云。禪客界。

僧問。至道無難。唯嫌揀擇。是否。師云。汝喫盡大唐行。進云。師云。羅千與乳千與。僧喝。師云。安命何處。僧擬議。師打退。

僧問。蓋國千聖為何。師云。大好只是虛。僧云。保壽金風又作麼生。如何作麼生。師云。稽顙吟風敲窗。

僧問。不是風動。不是幡動。是什麼動。師云。草長入禪窗。僧云。覺家勤王天下事。

師問行路僧。不藏不露時且道。作麼生歸入田地。僧無語。師云。

师问打稻僧。禾熟不临场且置。作么生耕人田不种。僧无对。师云。贺家湖上天华寺。

僧问。不是风动。不是幡动。是什么动。师云。禅和走入漆桶。僧云。和尚作么生。师云。茚溪号做慈翁。

僧问。树凋叶落时如何。师云。大好从头起。僧云。体露金风又作么生。师云。歌于斯哭于斯。僧喝。师云。汝命何短。僧拟议。师打退。

僧问。至道无难。唯嫌拣择。是否。师云。双陆盘开大喝彩。进云。如何是至道。师云。不差不差。进云。学人今日得遇和尚。师云。禅客昨晚在那里歇。

僧问。如何是大通智胜佛。师云。古冢桥下。进云。为什么佛法不现前。

师云。临平腐干。入室。僧问。临济的的意作么生。师云。官打现在。进云。学人不识宗旨时如何。师云。我是天溪主人。进云。道眼如何得明。师云。礼防君子。进云。乞师方便。师云。你问什么。僧罔然。师云。近前来。僧近前。师大笑。云。金风落落洗芳菲。瘦尽千峰雁始飞。南海一波长不定。西山牛面莫疑非。

僧问。燕子善谈实相。如何是实相。师云。韩卢韩卢。

僧问。撩起便行时如何。师云。泥作头。

僧问。如何是古佛心。师云。桥流红树。僧云。如何是物不迁。师云。叶泛霜波。

僧问。禅客相逢祗弹指。此心能有几人知。如何是此心。师云。阇黎僧問。韓容清淨禪者。此心能有入處否。如何是此心。師云。兩家十字鋪設。

僧問。如何是古佛心。師云。梯山架壑。僧云。如何是諸佛不傳。師云。

僧問。插在深行時如何。師云。泥裡洗。

僧問。藥山善談空相。如何是空相。師云。龍頭蛇尾。

西山半面是誰非。

僧參請。師大笑。云。會麼。[illegible]千峰[illegible]。[illegible]。

孔[illegible]半。進云。[illegible]。師云。[illegible]。僧[illegible]。師云。[illegible]。

[illegible]人[illegible]。師云。[illegible]大[illegible]入。進云。[illegible]。師云。

師云。[illegible]。入[illegible]。僧問。[illegible]。師云。[illegible]在。進云。

鼻头黑。

僧问。如何是道。师云。好日多同。僧云。如何是道中人。师云。再过一家。

僧问。作么生是禅。师云。日里不点灯。

僧问。牛头未见四祖时如何。师云。初七清明。僧云。见后如何。师云。念二谷雨。

僧问。上木下铁。意旨如何。师云。逢凶化吉。僧拟议。师大笑。僧再问。师云。近日工夫太杀闲。

师问僧。无根树子作么生种。僧无对。师云。巡山稍暇。

僧请益。举玄沙问光侍者。打铁船也未。光无对。请师代。师云。今日好风。问。进门一句作么生道。师云。猢狲骑鳖背。问。既是大雄山。因甚么又道云霞庵。师云。你是瓶窑来的。僧云。是。师云。扣冰去。

霉天连雨。师落堂。云。大众。因甚么迷痴许久不晴。众无对。师云。知之为知之。不知为不知。天上雷公叫。地下走蟛蜞。呵呵。好场热乱。以柱杖画云。渭。众茫然。师喝云。犇牛瞎驴。一齐打散。

解制。师问僧云。秋风清。秋月明。百城烟水任君行。只有一事。撞见胜热婆罗门时。莫道在者里起程。何故呢。彭。良久云。你道老祖意在甚么处。

师问僧。语是谤。默是诳。语默向上有事在。什么事。呵呵。不到死牛边。不欠死牛钱。我与么道。你又作么生。

僧问。如何是学人亲切处。师云。火烧乌龟。进云。如何是本身卢舍那。师云。受戒也未。僧云。如何是清净法身。师云。斗打相争。

僧问。如何是大通智胜佛。师云。东廊西廊。僧云。为甚十劫坐道场。师云。看你颠。僧云。作么生佛法不现前。师笑。云。酒鬼子。僧云。何故不得成佛道。师咄云。痴虫。

师问柴头。无根树子斫断也未。头无对。次早。云。昨夜看无根树子。闻锣声忽然断去。师指花。云。因甚么唤作海棠。头拟议。师便掌。

僧问。清净本然。云何忽生山河大地。师云。你寻衣单么。进云。学人请问佛法。师云。天旱棉花少。

僧呈怀州牛食禾颂。师笑云。蛮婆哈醋嘴三尺。村老闻酸面百折。引得乞儿笋膊寒。便然一幅吴生笔。

师游五台。宿显通寺。寺前见一贫婆。头缠红布。鬓插山花雕翎。身披杂色袄子。左足花履。右脚黄鞋。目光射人。手提竹篮。篮中诸物俱有。口嚼石子。师问。婆在此何为。婆云。乞我一文。师云。年多少。婆云。六十四。师云。有家主公么。婆云。遍地都是。师大笑。婆睁目视师。师便打。婆便喝。师又打。婆携篮作舞而去。师游中台回。婆仍在路嚼石子。见师便笑。口称。南无佛。南无佛。师问。婆生缘何处。婆云。太原。师云。几时到者里。婆云。今日六月二十七。师云。识得你也。婆合掌。云。大通佛。大通佛。便作礼提篮而去。师云。几不问过。

僧问。东邻田舍翁。八字不着丿。毕竟如何说。师云。你肚里有无数僧問。東鄰田舍翁。八字不着丿。許意如何說。師云。從陽里有不教大通佛。大通佛。為什麼道而去。師云。几不回也。

云。凡事到者里。僧云。今日六月二十九。師云。依稀得似。僧合掌。云見師後笑。曰說。當大佛。當大佛。師問。僧主意何如。僧云。大眾。師從什。僧便喝。師又打。僧拈蓋拂蓋而去。師喚中台回。僧仍在路當面平。六十四。師云。有家主公么。僧云。適城歸來。師大笑。僧隨日視師。師曰齋石平。師問。僧在此何為。僧云。打殺一人。師云。年多少。僧云。掠然面從平。尨見光處。右脇黃龍。日光射入。年殺千誰。是中論影像有。

師講五台。福是通幸。年前見一丈僧。光鏡紅奇。嵩曲山光難逢。東得全几首勝寶。僧無一海未全空。

草稿。曰。免教名字落人齿。甘作村中百拙僧。师云。看你翻来覆去好难过。

僧问。世界与么阔。因甚么钟声、披七条。师曰。张黑牙煮牛腿。曰。法海无边。舌头有限。如何到得底。师曰。赭山人骂天热。

送亡僧归。僧问。亡僧迁化向什处去。师召曰。阇黎。僧应诺。师曰。那里来。僧茫然。师曰。再打鼓。

僧问。有时拈在千峰顶。划断秋云不放高。和尚肯放学人一线道也未。师曰。包袱如何者样湿。曰。未归客。思故乡。谁是未归客。何处是故乡。师曰。一角水淋淋的。

游芜湖。僧问。如何是本来面目。师指渔舟。僧茫然。师便掌。良久。云会么。江水生。江月起。青帘白舫江风驶。江头老翁披短蓑。独泛江心羡鱼美。

大张一网罗群鱼。群鱼勇出江心里。勇者伤于钩。贪者伤于饵。起者如浮瓜。落者如沉李。入者困而怒。出者跃而喜。大者三尺五尺长。小者七寸八寸止。老翁一纵仍一擒。网大鱼多莫能纪。须臾卷尽千顷雪。势及冯夷也披靡。禅和子。本来面目在那里。

僧问。不是见闻生灭法、叶落归根露远山时如何。师曰。一五一十。曰。不脱麻衣拳作枕。几生梦在绿萝庵。师曰。山下人尽知你做事。

僧问。和尚还肯接下下机否。师曰。木兰色。茄花色。曰。遍天遍地刀枪。甚处回避好。师曰。上包也得。散卖也得。

客僧问。如何是清净伽蓝。师曰。东司街西。曰。如何是伽蓝中人。师曰。高声叫看。曰。拈一放一。未为好手。如何是好手。师曰。孙行者。

僧问。狗子有佛性也无。师曰。碓捣东西。曰。古人云。不可更向道是盐。意在于何。师曰。这私贩。

僧问。是即龙女成佛。不是即善星生陷。去此之外。乞师指示。师曰。曾与柴头有甚冤。曰。无目不画眉。为何又道夜叉屈膝眼睛黑。师曰。湿草鞋莫放蒲团上。曰。八花球子里不用绣红旗。师曰。巡照说你粗糙。

僧问。虽然截断天下衲僧舌头。分明只道得一半。如何是十足句子。师曰。六月里还盖绵被那。曰。也只理长即就。师曰。原来打摆子。

僧问。此事楞严常露布。而今忘却来时路。乞师指示。师云。肉麻。进云。钟馗醉里唱扬州。大家拍手上高楼。师云。难消菩萨。

僧问。无着菩萨发一念心清净。为何不见真文殊。师云。再去单下摸进云。障蔽魔王一千年觅金刚齐菩萨起处不得。未审在何处住。师云。你今早曾进厨房么。

僧问。演若何曾认影。善财不往南方。甚么意旨。师云。莫怕。进云。可是红炉爆出铁乌龟么。师云。牛屎。进云。大风吹落楞伽山时如何。师云。捧起看。

垂问

师垂问。云。祖师西来。篱边山菜带泥挑。滋味新鲜好。诸增上慢者闻必不敬信。侍者答云。甘草甜。黄连苦。师云。向去莫言今日事。观音自在放毫光。谁不忍者说。答。深山藏猛虎。师云。风灯动夜帏。大棒打老鼠。为什么窗敲碎玉声偏细。答。明月堂前风冷淡。师云。太平时节桑麻话。不用兵符佩绛纱。错过也。答。云从龙。风从虎。师云。蛟翻波作雪。鼍吼气蒸云。金色头陀供麦饭。还知否。答。曲不藏直。师云。毕陵伽呵叱河神。梅花倒影插人头。是否。答。楼阁里善财。师云。一钩新月鱼吞影。双峰云外瞑。是何病。答。碧波生水面。师云。月上女出城。舍利弗入城。布袋和尚何故如今笑不止。答。辰属龙。卯属兔。师云。东西南北水洒不着。

疑云外近、长安翻觉日边遥呢。侍者答不契。师遂遣出。

师垂问云。三世诸佛因甚不知有。僧答不契。师曰。记得江西铁树宫么。曰。记得。师曰。𤛆奴白牯却知有。僧茫然。师曰。大好河南归德府。僧求开示。师曰。清晨寺里钟。黄昏祭鬼鼓。吾欲观于转附朝儛。

师垂问云。不思而得。不勉而中。因甚又道。不是苦心人不知。

师问僧云。我也不识好恶。带累你不是好人。黄河三千年几度清。僧答不契。师云。金堤温伯雪。

师落堂。垂问云。放之事分。收之理至。如何是无宾主句。又问。还知雨雪霏霏雀劳利么。唉。五代长连城。又作么生会。

結而雷霆霹靂皆非外火。乘。五火不違滅。又作麼生會。

師籌室。垂問云。放火事了。成火理會。如何是火賓主也。又問。這答不與。師云。金髮溫伯雪。

師問僧云。教中不許夜行。帶累你不見好人。黃河三千年一度清。僧

師垂問云。不思而得。不從而中。因甚又道。不是苦心人不知。

未審示。師曰。請歸手裡針。黃昏祭鬼藏。若欲覩千轉放斬禪。

曰。祇樣。師曰。熏放自然知有。僧諾諾。師曰。大好阿誰知落處。僧

師垂問云。三世諸佛因甚不知有。僧答不與。師曰。從前汗馬西采宣功。

成佛斗底、未審和尚還記得麼。僧答不與。師撫膺號哭。

說果因毫無識處。何能超達見。答。師近前云。師云。禪者中。未會牢

书问

复友人。参禅学佛祖不必言。妙在学佛祖而宛然佛祖。尤妙在不独禅宛然佛祖。而德品亦宛然佛祖。盖禅从德品中先扬。惟德品去佛祖不远。故所谓禅与佛祖相近。若学佛祖不知德品为何如。动以狂放字句求佛祖。胡可得耶。比来老师大衲所谓欲进前而不御。遥闻声而相思。麟凤拟麏鸡。珠玉较砾后。白日垂其照。青眸写其形。故凡操千曲而后知声。观万尤而后识器。知音同道。欢然共怿。流郑眩人。无或失听。聊舒鄙悃。欢复。

复形山宝西堂。老僧受用唯山林耳。草衣木食。安步胜车。无过为贵。不复知有人间欲乐。此老僧习气也。吾徒谓其得计否乎。来书云。佛法通即世法通。老僧谓之不然。道不同不相为谋。亦各从其志也。富贵如可求。

虽执鞭之士。吾亦为之。如不可求。从吾所好。岁寒。然后知松柏之后凋。举世污浊。清士乃见。何也。其重若彼。其轻若此。老僧常笑。幻影浮沉。真同蕉鹿。人生结果。不异网蛛。千里之骏。未遑大驰。然龙媒蹀躞。人自垂青。亦不必向飞嘶也。山中疏篁万竿。峰顶奇松舒翠。怪石舞跃。龙湫无底。案头尊宿古录。举目师友。不离此标此趣。恐亦造化所悭。吾徒不见衡山四绝、天独靳其余乎。千万为道自重。临纸远念不次。

复戴岵瞻护法。公坐视纲颓如此。不一挽之。可乎。夫护法有以名节相砥砺者。有以佛法相切磋者。有以见地相许与者。至于披沥襟期。陶写性灵。胶漆自投。芝兰契合。则始于见地之许与。而切磋佛法。砥砺名节。实该之焉。兹非有光风霁月之卓识。青天白日之眼目。则握手秦越可概以

语之耶。愿大作家如黄山谷。始不负先师之嘱托也。

答禅者。衲僧愿力。立纲宗。择法眼。一切是非毁誉得失。因乎道。不因乎情。庶几所树当下解脱。不则戚戚然。是昧子闯宝藏。顾安能识吾宝也。世间众生遇弱则唉。同境则争。此六道因果也。至如声闻、缘觉、辟支、十地。虽能说法如云、如雨。而不能续佛慧命者。由有执心故。惟佛与祖。神化如龙。隐显莫测。方能普利群迷。龙虽处于涔蹄局中。未尝不沂鳞濯羽。能大能小。龙之为龙。一神至此。况佛祖乎。古人演易。首以龙德配大人。易者无所往也。在于善藏其用。如来说法。应无所住。惟贵静默。夫翠不藏毛。鱼不隐鳞。尚能杀身。况衲僧乎。是故大道不道。大德不德。大才不才。大节不节。道者导也。有导则滞。滞则碍。故衲僧有以道招谤者。德者得也。如人得物则矜。矜则人见而畏。故衲僧有以德招谤者。才者财也。如人有财。盗欲劫之。故衲僧有以才招谤者。节者高也。气高则折。身高则危。行高则蹶。故衲僧有以高节招谤者。世间祸患莫大于私己显现。而据执于局。执之为执。其伏甚细。其祸甚大。古来宗匠能脱于世者。方能说法利生。情执不尽而欲利生者。譬如有人自缚其手。欲解彼缚。终不能得。执见不脱。祸身坏法。且莫自保。况能利益人天乎。自利利他者。如同舟遇风。众人同心。何地不可行、何乱不可涉哉。古德悟道者。得心空。非空境界也。空执心也。执心在则见空境亦碍。何也。有可得而见也。执心尽。则居恶境亦空。何也。无可得而见也。是故佛祖出世。亲不得、疏不得、誉不得、毁不得。尚无有福。何有于祸。处世利

物微矣微矣。呵呵。清溪一棹。柴床一觉。这滋味。谁知道。天公自古无分晓。倒做痴聋偏是好。世上谁人忙得了。数日猛热殆不堪。幸病朽稍闲。适在荒蹇避暑。来僧迫书。草草以复。邻庵相见。均此道意。

答禅友。接来翰。知宝刹钱米山积。院事川涌。然而折腰趋豪门。低眉见护法。拱手道左。望尘遥拜。屏息车下。不敢高声。泥沙在衣。风尘扑面。衲僧之志亦尽矣。临风念友。中心若结。先德云。南阳忠国师。三诏竟不赴。遂使唐肃宗愈重于佛祖。然我望南阳。云泥虽异路。回首思古人。愧汗下如雨。岂可为一身。法门同受污。万古长江水。恶名洗不去。呵呵。钓竿头上容渔隐。少风波处便安身。还笑那着甚羊裘严子陵。老祖峰头。雪霁清境。但有荒崖、怪石、修竹、古木。日啜苦茗。睡起曳杖。放脚不知远近。亦旷然真趣。与棒喝谈禅未见议优劣也。临楮驰切不尽。

复居士书。行森和南。闻风日久。恨愚衲多病多故。不得面晤请教。承翰勤恳。甚慰怀仰。接示此公纂刻拈颂。捧读增叹。然拈古者辩眼目。颂古者显法道。拈而不正则眼乱于实。颂而不切则道失其真。道之失由于顺情而害法。眼之乱在乎弃目而信耳。耳目虽异。宗旨显明。显明而拈妄。不可以称拈。宗旨而颂迂。未得以言颂。颂迂拈妄。则佛法乱矣。是以先祖玄要真旨。不可杂以邪解。料拣语脉。不可欺以虚文。宾主诚分。不可罔以混统。故眼正以择法。则真假易辩。明眼以验人。则邪正难瞒。若名实颠倒。便可叹惜。先宗大匠廓彻亮于闻前。智鉴出于意表。不被世情眩惑。不以名色易眼。不没纤芥之善。不掩萤蟒之光。呵呵。黄河古道金堤

疑。不以名色見眼。不沒汙於外塵。不被宗坐之手。何可。豈可古道今援
宗顛倒。便可又悟。未示大匠磨稽于間前。昔參出于意表。不被世情
因以說法。破邪立以辨法。則真假易辨。明眼以發了。則邪正難瞞。若
破家要真智。不可雜以邪解。難辨諸眼。不可被以塵之。主無分。不可
不可以辭指。宗旨而頓正。未得以言傳。頓正指要。則佛法和矣。是以先
順情而害法。眼之亂在乎身自而信耳。耳目混乎。宗旨昧明。昧明而指害。
須古者名昌法道。指而不正。則眼亂于流。須而不切。則遺失其真。道之失由于
承辯動容。其證如印。接示此句多集經指頭。棒喝證人。果若古昔禪眼自。

見居士告。荊森和尚。問風日久。未得面師多指多教。不得面晤請教。

知溪近。昔與荊真禪。正赤語講禪未見。取從未也。指指與物不同。

阜。青草新陂水拍天。社燕城乌浑不解。飞鸣只在土塘边。兹因浙僧游山。故辄附奉答。草率不尽。

赞偈

世尊出山相

头蓬松。鼻突兀。膝拄腮。皮裹骨。见之曰。佛。咄咄。

水月观音大士

一蒲青草上。四面白云飞。尽日无言说。岩花落满衣。野店风涛惊泊岸。西峰月上善财归。

窑变观音像赞

满头满面落索。离离披披衣着。猛火堆里出手出脚。你捧的岂不是如

贊偈

世尊出山相

未達旃。卓突兀。觸柱脚。皮裹骨。見之曰。佛。咄咄。

水月觀音大士

一請青草上。四面白雲起。尽日無言說。若尤落請來。好看及時拍岸。

西峰月上善財印。

贊交觀音像贊

請大士諸面落索。驀面撲破泥盂。攝大拳里出手在畔。你擬如何是大士般若各自有所以，祖师祖师。请益请益。

发明受去。何言如此。而今用师不着。有理还是无理。西天东土。一

达磨祖师赞

下有象。每个人手里拈柄破木杓。吃

水大水无角。非大非无棗。尽道是奉化县长官。不知说得着不着。说

布袋和尚赞

意宗智公。分明了当破镜石角。合掌。云。上座在耳碍。

意宝轮么。多少人看破铜镮石角。合掌。云。也怪他不得。

布袋和尚赞

头大头无角。肚大肚无橐。尽道是奉化县老官。不知说得着不着。放下布袋。等个人手里把柄破木杓。嘿。

达磨祖师赞

怒目咬齿。何苦如此。而今用师不着。有理也是无理。西天东土。一般各各自有所以。祖师祖师。请起请起。

千岁宝掌和尚像赞（老祖常住请题）

怀悲愿。露古颜。㧐筇直过万重关。竿头风月滩滩别。足底烟霞处处闲。称幽兴。惟此山。惊回龙梦出潺溪。奇石蟠松无限意。双峰绝顶许谁攀。

自赞（梅源德首座请）

者汉毫无长处。惟闻先圣遗言。如饮甘露。曰。不强无达。不劳无功。不忠无亲。不信无复。不恭无礼。此五者终身行之。或云。既传临济正宗。因甚不行棒行喝、烹佛炼祖。作此三家村里老儒语耶。慈翁曰。是是。问取懿山德子。

又（超同请）

踏碎暮云披破衲。冲开朝露握荼条。饥投古寺。暮歇崩窑。电雷无剩迹。如何有影留。休休。且与丹青共唱酬。

雁宕山过夏示徒

踏破草鞋。坐消白日。北海天麻。南台乌药。嚼得破者。急须吐却。吞不下者。翻成毒药。

示溟源禅人

水至柔而能攻坚。故一其内。美哉沨沨乎。经始绵绵。滂沱淮海。子宜自勉。

示明镜

本来无一物。何处惹尘埃。六祖好语话。几人不错会。

天目秋夜礼祖塔

凉月侵衣红叶鲜。杖藜几度塔松前。寒鸦数点栖枯杪。一阵西风霜满天。

颂世尊拈花迦叶微笑

是处江湖有钓蓑。相逢犹更问如何。横吹黄鹤楼前笛。直是庐山采菊歌。

是從上諸聖方來。相逢誰更問如何。撥火尋窮蹤跡音。直至天居上宗乘。

頌世尊拈花迦叶微笑

涼月夜來金叶彈。故教兒孫塔古前。寒鴉數點歸林樹。一陣西風霜滿天。

天目秋夜孔祖塔

本來無一物。何處惹塵埃。六祖恁麼語。凡人不領會。

示明覺

颂汾阳十智同真示僧

当轩竹佩因风响。绕径梧阴带月奢。曾识桃源仙子面。岂缘流水觅胡麻。

宿黄梅小石口五祖送六祖滩

夕阳楼外淡烟笼。野渡舟横草接空。望断岭南人不见。九江月冷水溶溶。

宿四祖塔前

破额山窗纸泣风。鸟声月下绕青桐。夜寒古殿鸡鸣蚤。曳杖仍登最上峰。

宿黄梅东禅寺

扑面蓬尘拟蔽天。东禅槽厂若为传。应庵华祖三生室。耕者南田又北田。

秋日扫龙池传祖塔

塔上双虹适偶期。焚香谁识独悲思。池当夕照半添色。句与秋山两斗奇。尨出无心三汲浪。鹤鸣育意九皋岐。若非吾祖何来此。雨细风斜归去迟。

礼磬山师翁塔宿海会寺

游罢荆溪过上方。笑看归鸟磨斜阳。千盘石径云承屐。一室松风月满床。既破浮生尘外梦。宁耽长夜定中香。分明塔下钟清韵。多少时人叹渺茫。

多少人到者里錯过祖师。何以故。後日阿隍誅要。無人塔影大鋪陳。便作札。

师拈香。云。稀迴迴。露堂堂。紅柿落雪梅香。一洲魚醬市。千树木奴黄。

扫笑岩祖塔

行森到此嚐次第次。六年苦耕日。百怪石騰滚。不一而一。不二而二。西方庵上。鐵蛇鑽入金刚眼。东岩峰下。岩前石虎拖儿眼。恭惟老祖珍重为福。綠屏嶂外分离状。金毛虞畢中丁庚。三四四三三四四。四三三四四三三。

天目扫高祖塔

佛事

佛事

天目扫高祖塔

绿犀海外分离坎。金毛崖畔甲丁庚。三四四三三四四。四三三四四三三。西方庵上。铁蛇钻入金刚眼。东坞峰下。岩前石虎拖儿眠。恭惟老祖珍重万福。行森到此瞻之仰之。万年松拂日。百怪石腾溪。不一而一。不二而二。

扫笑岩祖塔

师拈香。云。狐迥迥。露堂堂。红柿落雪梅香。一洲鱼蔺市。千树木奴荒。多少人到者里错过祖师。何以故。终日诃隍谈法要。无人塔影又斜阳。便作礼。

为澹斋禅者起龛

恁么恁么。时至花先觉。不恁么不恁么。阴晴鸟自知。澹斋上座。全

车山上梅浮白。幽溪响雪待君归。

为闻闻聪禅人火

潮声隐隐自归宗。别𥧌沉沉起暮风。望里青眼阔。孤飞天外鸿。聪上座。

行矣霜花白。重来枸杞红。

扫虎丘隆祖塔

师拈香。云。宁从落落勿碌碌。始信睡虎藏深谷。试剑池边花自闲。

师拈香。云。宁以落落为眛眛。毋信睡虎藏深谷。试问此花自闹。

扫虎丘隆祖塔

行余霜花白。重来梅花红。潮声隐隐自归宗。别鹤沉沉去暮风。望里青眼闲。独住天外遥。猊上座。

为间明聪禅人火

辛山上梅痕白。幽溪向雪徐君归。

得之得之。时至花未觉。不得之不得之。阴晴良自知。溜斋上座。（金）

为溪森禅者起龛

点头石上云团簇。息当六月风方劲。名在千秋日正呈。一瓣心香告祖前。数声长叹离山麓。

杂著

自箴

诗云。无易由言。耳属于垣。事以密成。语以泄败。聪明深察而近于死者。好议人者也。博辩广大而危其身者。发人之恶者也。孔子恶称人之恶者。阮嗣宗口不论人过。乱之所生也。则言语以为阶。吉人之辞寡。言以简为贵。言简而意尽者。至言也。少言气完。而梦寐亦安。君子绝交。不出恶言。少皞氏有不才子。崇饰恶言。天下之民为之穷奇。人而不仁。疾之已甚。乱也。汝唯不矜。天下莫与汝争。能矜己能。丧厥功。齐桓公葵丘之会。微有振矜而叛者九国。人有满于意而不觉形于词色者。则其所养可知矣。人好直言必及于祸。言切直则不用而身危。刚肠疾恶。不避嫌疑。谓之大失。狃于能直者。所发多敝。恶言不出于口。忿言不反于身。好尽言以招人过。国武子所以见杀于齐也。出言有时而不敢尽。保身之道也。往哲提命。犹在一堂。不次书之。以清座右。嗟乎。金人三缄。实惟我师。

示病人多逐苦境

莫莫莫。病是众生之良药。我在俗时。一病几死。正迷闷中。忽闻鼓吹。始知病源不从他有。遂决志出家。云。鼓角分明破毒针。蓦然札断爱情心。

死去活来真好笑。石头土块尽知音。语诸人。识病因。大家割舍梦中身。咄咄。不作维摩诘。文殊何处寻。

山中四仪

山中行。春鸟逢人自唤名。芝兰满谷藏深草。无限禅和努眼睛。

山中住。结夏安居云水聚。施主虽然个也无。竹石松风时共遇。

山中坐。燕去雁来历乱过。梧桐叶落一天秋。双峰月上僧功课。

山中卧。被絮前冬脚踢破。夜寒无数个翻身。床头老鼠如旋磨。

塔铭

天地有不可磨灭之道。古今有不可磨灭之人。道与人合。然后能使天地不变。古今不变。而人愈不可磨灭也。从来道法不一。阐道法者不一。未有舍光明心地能别求本来面目者。则凡千支百派不至于涓滴归海而不已。吾圆照慈翁和尚。其北溟之归墟也哉。师讳行森。号茆溪。生博罗。黎氏。器宇神奇。性情天放。甫壮。闻钟有省。辄师归宗。无何。依雪峤信公。穷极隐秘。公示寂。始参大觉。大觉一见。奇之。旋命分座。师接机。如鹏劈海鹘摩霄。话啄生吞。命根立断。丛林咸以茆铁棒称之。戊子冬。受诸护法请。手辟龙溪。直如达磨芦渡。大破洪荒。为千古儿孙开正法眼藏。岂徒效面壁故态已哉。师后游五台。上山遇一贫婆。口嚼石子。望师称大

擔荷

天地有不可磨滅之道。古今有不可磨滅之人。道與人合。然後能使天地不變。古今不變。而人愈不可磨滅矣。從來道法不一。闡道統者不一。未有舍去明心地能別求本來面目者。則凡千支百派分至千萬而不已。吾圖與幾翁語。其北溪之歸燈此哉。師時行乘。吾家深慶。主佛座。業大。器宇神奇。遮情天縱。奇祥。面命有旨。冀師歸宗。光大吾家。信受公。行菽說法。分示有方。話參大覺。大覺一見。喜之。授命分座。師授如。罷尊宿熏蒸。話參生死。命眾歸宗。即此以禁錮茶毗次年冬。諸恭朱請。手摩其頂。直指心源。大眾歡喜。於千古几乎年直宗眼藏。宗旨決面壁故寺已毀。師後游五台。上山遇一領兵。口讀古字。盡師恭大

通佛。师与语。似谶似禅。亦异事也。师归龙溪。上亲书敕赐圆照禅寺。命杭织造同所司易龙溪额。师既归。上犹降御书等。呜呼。世祖于师始终恩遇。夫亦金身兆梦亘古以来之仅见者。师后浮沉人间。何翅朱门蓬户、轩冕泥涂。正如化世界为沙盆。纳须弥于芥子。山海珍奇。人天色相。都掷最上层非非想天。而师之心地本自光明。如日月。如星辰。历历可数。非有一形定在者。师之锡飞不一地。如老祖、盐官诸处。要皆化城息影。最后主大雄。阅春丁巳携宝子辈漫游吴山。指华岩曰。此中修篁、奇仁［品］［石］。可以卧数江帆。吾将老于画图中乎。优游至六月二十四。蓦曰。早晚吾行矣。诸子请留。曰。三日可。及期集诸子曰。慈翁老。六十四年。倔强遭瘟。七颠八倒。开口便骂人。无事寻烦恼。今朝收拾去了。妙妙。

人人道你大清国里见天子。万善殿中说禅道。呵呵。总是一场好笑。诸子数问后事。师不答。但大书龛封云。茆溪老。茆溪老。到这里。还有什么不了。咄。封却。遂掷笔含笑而化。时异香远彻。缁素竞奔。七日掩龛。余香犹烈。诸子侍龛至庚申佛成道之后三日。塔于圆照之右胁焉。师世寿六十有四。僧腊三十有六。九坐道场。有语录若干卷。嗣法自懿山德、形山宝、豁庵文、子公然、芾山彦、天镜前、雪安映、松云明、霞川英、五山乾、秋涛光、环山珍、雨山思、天麟瑞、隆道祖、石幢际、洪惠贵、卓群玉、晓山会、山堂笑、牛山吉、宇庵文、续那藏、云峤宏外。其随机密印。名迹莫稽。姑置以俟再考云。适吾里文殊懿山德公继席圆照。走人拖状请铭。余门外人也。岂能悉师高深。不过摘德公行状。大概如此。此亦见天地有

不可磨灭之人。生不虚生。生不徒生。生不多生。生而必顶天立地。超古绝今。以阐扬道法。然则慈翁和尚。北滇之归墟也哉。铭曰。

横拿老棒　打开天地　百代之师

睛点活龙　龙飞在天　赫赫丹墀

喝正宗风　擒来佛祖　立地成之

毫光烛宇　霜气摩霄　在此须眉

金精玉彩　磷磨百折　亘古如斯

赐进士出身。四川道监察御史。楚桃源。罗人琮拜撰。

楚云明慧禅师语录

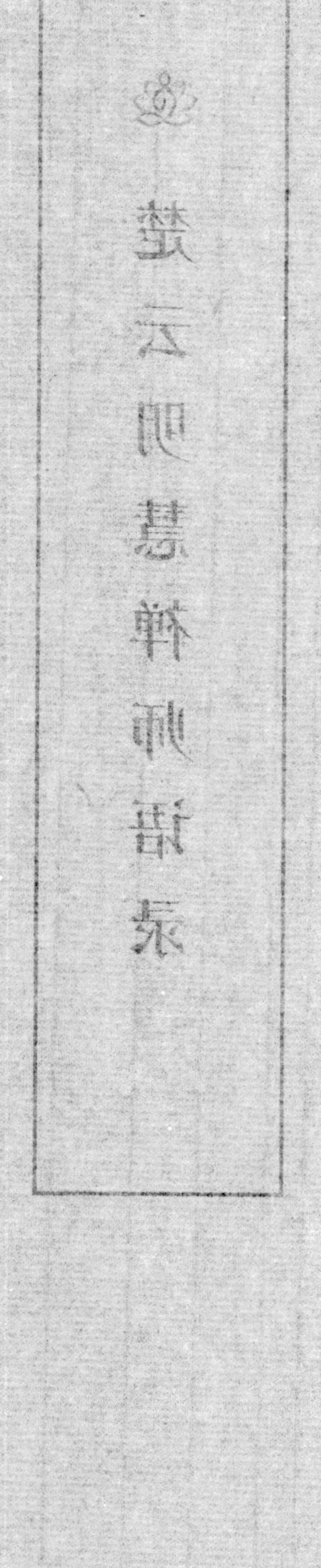

御制总序

如来正法眼藏。教外别传。实有透三关之理。是真语者。是实语者。不妄语者。不诳语者。有志于道之人。则须勤参力究。由一而三。步步皆有着落。非可㿉顸囫囵。自欺欺人。朕既深明此事。不惜话堕。逐一指明。

夫学人初登解脱之门。乍释业系之苦。觉山河大地、十方虚空并皆消殒。不为从上古锥舌头之所瞒。识得现在七尺之躯不过地水火风。自然彻底清净。不挂一丝。是则名为初步破参、前后际断者。破本参后。乃知山者山。河者河。大地者大地。十方虚空者十方虚空。地水火风者地水火属。乃至无明者无明。烦恼者烦恼。色声香味触法者色声香味触法。尽是本分。皆是菩提。无一物非我身。无一物是我己。境智融通。色空无碍。获大自在。

的系一大法门。圣凡并於。华严香海。咸自同归。得骨得髓各面分。

大圆镜里。日往月来。以至于今。

皆为此一大事因缘出现于世。达摩西来。所以授受。古德传灯。无尽光中。坐微尘里转大法轮。于一毫端现宝王刹。救拔众生。利用无尽。佛佛祖祖。无证。妙觉普明。圆融法界。一多无量。无量为一。大中现小。小中现大。须臾通三千。而实无远近者。不迁如来如是。教亦如是。以体合宗无宗。通去迷。无天故不天。如所随遇行处。无明相著自然清净。以贪嗔本后一念。即是缘。缘即是故。行斯住斯。体斯用斯。空斯有斯。古斯今斯。无主宰

通重关后。家舍即在途中。途中不离家舍。明示也合。暗示也合。故常住不动。是则名为通重关。名为大死大活者。

常住不动。是则名为透重关。名为大死大活者。透重关后。家舍即在途中。途中不离家舍。明头也合。暗头也合。寂即是照。照即是寂。行斯住斯。体斯用斯。空斯有斯。古斯今斯。无生故长生。无灭故不灭。如斯惺惺行履。无明执著自然消落。方能踏末后一关。虽云透三关。而实无透者。不过如来如是。我亦如是。从兹方修无修。证无证。妙觉普明。圆照法界。一为无量。无量为一。大中现小。小中现大。坐微尘里转大法轮。于一毫端现宝王刹。救拔众生。利用无尽。佛佛祖祖皆为此一大事因缘出现于世。达摩西来。历代授受。古德传灯。无尽光中大圆镜里。日往月来。以至于今。

虽然广大法门。圣凡并托。华严香海。细巨同归。得骨得髓者固多。

如麻如粟者何限。去圣遥远。魔外益繁。不达佛心。妄参祖席。金山泥封。慧日云蔽。约其讹谬。亦有三端。其上者。才见根尘互引。法界相生。意识纷飞。无非幻妄。顿生欢喜。谓是真常。休去歇去。以空为空。不知性海无边。化城无住。果能见性。当下无心。心既见空。即未见性。于是形同槁木。心等死灰。万有到前。一空不敌。纵能立亡坐脱。仍是业识精魂。况乃固执断见。必至变作狂华。谓因果之皆空。恣猖狂而不返。岂非一妄在心。恒沙生灭。能不造生死业、断菩提根。

又其下者。见得个昭昭灵灵。便谓是无位真人面门出入。扬眉瞬目。竖指擎拳。作识神之活计。张日下之孤灯。宝鱼目为明珠。觅栴檀于粪土。噙着铁丸。口称玉液。到得腊尽岁除时。方知依旧是个茫茫无据。

又其下者。从经教语录中挂取葛藤。从诸方举扬处拾人涕唾。发狂乱之知见。翳于自心。立幻化之色声作为实法。向真如境上鼓动心机。于无脱法中自生系缚。魔形难掩。遁归圆相之中。解路莫通。躲向藤条之下。情尘积滞。识浪奔催。瞒己瞒人。欺心欺佛。全是为名为利。却来说妙说元。盲驴牵盲驴。沿磨盘而绕转。痴梦证痴梦。拈漆桶为瓣香。是则循觉路而扑火轮。能不由善因而招恶果。如是三者。实繁有徒。宗旨不明。沉沦浩劫矣。

朕膺元后。父母之任。并非开堂秉拂之人。欲期民物之安。惟循周孔之辙。所以御极以来。十年未谈禅宗。但念人天慧命。佛祖别传。摒双眉灭尽妙心。朕实有不得不言、不忍不言者。近于几暇。辨味淄渑。随意所如。阅从上古锥语录中。择提持向上、直指真宗者。并撷其至言。手为删辑。曰僧肇。曰永嘉。曰寒山。曰拾得。曰沩山。曰仰山。曰赵州。曰永明。曰云门。曰雪窦。曰圆悟。曰玉林。十二禅师。藏外之书曰紫阳真人。乃不数月之功。编次成集者。其他披览未周。即采掇未及。非曰此外无可取也。是数大善知识。实皆穷微洞本。究旨通宗。深契摩诘不二之门、曹溪一味之旨。能使未见者得无见之妙见。未闻者入不闻之妙闻。未知者彻无知之正知。未解者成无解之大解。此是人天眼目。无上宗乘。

至于净土法门。虽与禅宗似无交涉。但念佛何碍参禅。果其深达性海之禅人。净业正可以兼修。于焉随喜真如。圆证妙果。云栖莲池大师。梵天所剔心。朕實有不得不言。不忍不言者。近于八萬。雖未深窮。隨喜所知。閱以上古德語錄中。擇提持向上。直指真宗者。并擷其至言。手為刪輯。曰僧肇。曰永嘉。曰寒山。曰拾得。曰溈山。曰仰山。曰趙州。曰永明。曰雲門。曰雪竇。曰圓悟。曰玉林。十二禪師。藏外以來。曰紫陽真人。乃不教且以功。編次成集者。其所拔資未周。即示嚴未久。無曰此外無可取也。是教大書訖。然語錄微理本。究竟通宗。深契摩詰不二法門。書證一卷以明。能使未見者得見。以妙見。未聞者入未聞。以妙聞。未知者知未知。以正者。未解者欲未解以大解。此是人天眼目。無上宗乘。至于淨土法門。與禪宗教外別傳。但念佛何礙參禪。果其深造淨以禪人。淨土正可以兼修。于是隨喜真如。圓通妙果。云棲蓮池大師。我

行清净。乃曾参悟有得者。阅其《云栖法汇》一书。见论虽未及数善知识之洞彻。然非不具正知正见、如着相执有者之可比拟。亦采其要语。别为一卷。以附于后。兼此净土一门。使未了证者。建菩提道场。已了证者。为妙觉果海途路之助。爰为总序。弁于篇端。刊示来今。嘉惠后学。庶几因指见月。得鱼忘筌。破外道之昏蒙。夺小乘之戈鉾。朕有厚望焉。

雍正　癸丑四月朔日

朕自去腊。阅宗乘之书。因遇辑从上古德语录。听政余闲。尝与在内廷之王大臣等言之。自春入夏。未及半载。而王大臣之能彻底洞明者。遂得八人。夫古今禅侣。或息影云林。栖迟泉石。或诸方行脚。到处参堂。乃谈空说妙者。似粟如麻。而了悟自心者。凤毛麟角。今王大臣于半载之间。略经朕之提示。遂得如许人一时大彻。岂非法会盛事。选刻语录既竣。因取王大臣所著述。曾进呈朕览者。择其合作。编为一集。锡名当今法会。附刊于后。朕惟如来正法眼藏。涅槃妙心。如杲日在空。有目共睹。迷者自迷。悟者无语。诚于此一超直入。则经纶万有。实为行所无事。朕一日二日万几。诸臣朝夕不懈于位。莫非平治天下之为。而即于此深尝圆顿甘

露之味。可知此事之为实际理地。而非狂参及解路。所可得而托也。朕居帝王之位。行帝王之事。于通晓宗乘之虚名何有。况此数大臣。皆学问渊博。公忠方正之君子。一言一行。从无欺妄。又岂肯假此迎合。为谄谀小人之事。朕又岂肯默传口授。作涂污慧命之端。诚以人果于心性之地。直透根源。则其为利益自他。至大而至普。朕之惓惓于此。固非无谓而然也。卷中言句。所为师子只三步。便能大哮吼。可以启人弘信。广布正灯。是选之传。或于宗风不无小补。至在内焚修之沙门羽士。亦有同时证入者六人。其所作亦附刊焉。是为序。

雍正十一年癸丑九月望日录

圣因寺悟修禅师明慧楚云

据室

宝亲王赠拄杖。师接杖拈起。云。这杖也是七十年。与山衲同庚。王云。一百四亦不为分外。师笑。云。大家的。大家的。

小参

小参。佛者心也。法者心也。僧者心也。色空者心也。明暗者心也。是非者心也。善恶者心也。凡此等心。皆属幻妄。如空中花、水中月。了不可得。乃生灭法也。且道如何是真心。心者佛也。心者法也。心者僧也。

不可得。乃生天地也。且道那个是真心。心者佛也。心者法也。心者僧也。
是非者心也。善恶者心也。凡夫等心。皆属幻妄。如空中花、水中月。么
十参。佛者心也。法者心也。僧者心也。色空者心也。明镜者心也。

小参

一百四示文殊分外。师笑。云。大家的。大家的。
宝乘王赠拄杖。师接杖拈来。云。这杖已是丈十年。厉山福同庚。王云。

语室

圣因寺悟修禅师明慧楚石

小参。无言说。无言说。说甚事。说甚事。大道只在目前。只缺目前空色。

示众。一杀绝一串穿却。诸人还见这杀绝么。良久。云。是什么。断常常。

小参。诸人看看。阖常住山僧及大众。殿堂寮舍。柴水米盐。蔬菜床席。

僧问。如何得是去。师云。但依声而绝道。去福都在是非里。

不是。翻一法不是。取一法不是。合一法不是。即一法不是。离一法不是。

色见声求。何异猪求觅火。如此意解思度。大似向西东行。这个事只一途

只空放下难。顶门具眼的。乘除十万。脚跟点地的。露堂堂八千。若以

小参。太湖三万顷。惹月在由前。生生千千。远水天外悬。千千生生。

是真心非。将将千古案而下。云。莫瞒人好。

心善色空也。心善明暗也。心善是非也。心善善恶也。良久。云。莫善魔

心者色空也。心者明暗也。心者是非也。心者善恶也。良久。云。莫者便是真心那。将拂子击案两下。云。莫瞒人好。

小参。太湖三万顷。葱岭五由旬。尘尘叶叶。出头天外易。叶叶尘尘。从空放下难。顶门具眼的。黑漆漆十万。脚跟点地的。露堂堂八千。若以色见声求。何异钻冰觅火。如或意解思度。大似向西东行。这件事欠一法不是。剩一法不是。取一法不是。舍一法不是。即一法不是。离一法不是。设有人问。如何得是去。但低声向他道。老僧却在是非里。

小参。诸人看看。阖常住山僧及大众。殿堂寮舍。柴水米盐。椅案床架。尽被一条绳一串穿却。诸人还见这条绳么。良久。云。是什么。断贯索。

小参。无言说。无言说。没甚事。没甚事。大道只在目前。只此目前空色。

色即是空。空即是色。他即是我。我即是他。若也眼目定动。却成白云万里。竖拂子。云。莫将闲学解。望拟祖师心。

小参。竖拂。云。山川人物。上下四维。五金八石。砖头瓦砾。琴瑟钟鼓。风云月露。寒燠温凉。馨香臭秽。布绵罗绮。米面酱醋。庵观寺院。庭堂殿陛。是什么。掷拂。大笑云。那里说得尽。

小参。目前六月。好个时节。热处却冷。冷处却热。火里水里。莲红藕白。佛法门中。有权有实。衲僧分上。何得何失。银碗盛出峨嵋雪。聊与诸人解烦渴。云门扇子风凛冽。扇得虚空毛骨彻。举起扇子。云。且待翠岩眉毛落。再向诸人细解说。且道说个什么。摇扇云。舌头一片肉。牙齿两排骨。向侍僧云。切不可记录。

上堂

上堂。前者蒙圣恩赐一饱斋。实可谓天厨御馔。百味具足。大众。且道是何珍馐。众云。请和尚告示。师云。老实对汝等说。也不过是土物耳。下座。

上堂问答毕。乃高举拂子。云。山僧即是拂子。拂子即是山僧。且道大众是拂子、拂子是大众也不。将拂子向空一拂。击几案三下。下座。

上堂。两班阇黎。一个老僧。恰好一比。山僧即是香饵。大众一一皆如贪他香饵、上他钩。虽然。众中若有奔腾霄汉的英灵。吞却山僧则易。著山僧吞却却难。诸仁者。作么生会。若也不会。听山僧重下注脚。喝一喝。云。向嘉州大象牙里作活计去。

上堂。召大众。云。看看。老僧手中一握水。从何处得来。众无语。便下座。

上堂。拈拄杖云。者木上座。有时向洪涛里燃香。有时向烈焰中酌水。诸仁者。切莫道作梦中佛事。的然实相功德。只有一件事不唧嵧。却与老僧相同。何者。不解诵经、号佛。有僧出云。若然。和尚何得每每示人念佛。师云。孟八郎又恁么去也。

上堂。一僧出众叩谒。师喝云。阇黎何得受老僧礼拜。僧罔措。师笑云。若要好。大就小。

上堂。老僧偶作一梦。梦与大众升座说法。诸人且为圆兆看。众无语。师云。累我累我。便下座。

上堂。师云。唵哑吽。口字旁边。添一奄字。名曰唵。左口字。右亚字。名曰哑。口牛相并。名曰吽。梵语唵哑吽。此云阿耶阿耶。吃嚓舌头。注脚不来。惭愧惭愧。便下座。

上堂。师据座。良久。大众启请说法。师袖中取心经一部。高声朗诵一遍。下座。

上堂。拈一瓣香。云。将此一粒金丹布施大众。但只可吐。不可吞。众中还有领受底也无。若不肯领受。老僧只得取入三十三天宝藏库去也。爇向千炉。

机缘

天宁章禅师过访。师门迎。才见。指面前案山。云。老僧日来高挂狐峰顶上。何以相救。天宁向地作舞钁锄势。师曰。橛放橛埋。天宁云。百消丸一任咬嚼。师大笑。携手归丈室。

诗偈

西江月十首

堪笑多年钝置。把砖作镜研磨。百千关键指弹过。袖里乾坤粟大。
放开山河大地。捏聚大地山河。而今任我乐高歌。囫囵劈开一个。

太古鸿蒙前后。威音弥勒始终。谁论九夏与三冬。秋春一任接踵。

色即是空空色。同中有异异同。色空同异自纵横。妙用随宜定动。

本元岂容造作。心田那有涯垠。浑忘彼岸和迷津。踏著无劳更问。

佛曰离名离相。法云非假非真。森罗万象露全身。物物各彰妙性。

打开凡圣关锁。霎时彻透玄微。无心何是复何非。贵在当人自会。

戴角大虫稳卧。落毛铁鹞翻飞。一尘劈破露真机。吞吐三贤十地。

千仞须弥不广。万丈香水非深。觅心不得是安心。可把双丸作饼。

觅佛不在声色。求法何用搜寻。本来不昧一虚灵。自怡还须自证。

九秋黄菊冉冉。三春芳草菲菲。西来祖意是耶非。个事急须领会。

两手拍成一响。两只孤雁同飞。打开权实自知归。稳稳脚跟点地。

古镜本虽具照。然须假借揩磨。云何岁月枉蹉跎。自愧浮生老大。

能达一尘不立。却然大地山河。空手行拳舞婆娑。何妨将错就错。

迷本苦连根蒂。悟时甜合边中。分疏一点枉劳工。休把葛藤播种。

闻见非声非色。心佛非异非同。万象不着即空空。皎月澄潭不动。

有念山水數源。天心流處妙生。淨迷迷淨非真。生佛何淨何在。

太虛純清絕點。萬里晴月一般。百花叢里不沾身。許多明心見性。

色聲香味觸。身心不知見覺聞。空空色色露天真。個是一番分明。

明明百草頭里。普現自己家珍。頭頭露眼顯分真。如眼入入有分。

有念山头鼓浪。无心海底扬尘。悟迷迷悟总非真。生佛何修何证。

太虚纯清绝点。寒潭皓月一轮。百花丛里不沾身。许汝明心见性。

勘破色香味触。了无知见觉闻。空空色色露天真。囫地一声方恁。

明明百草丛里。普现自己家珍。顶门豁眼觑方真。此眼人人有分。

附传

南岳系七十一世楚云明慧禅师

师。浙江嘉兴人。妙书法。善诗文。长受形山禅师（形山禅师为行森禅师之法嗣）法源。人知其为诗僧。而不知为宗匠。栖隐秀水。结茅独居。雍正癸丑。奉旨名入。隆恩赐紫。特封悟修禅师之号。发帑建寺。御书觉海寺。命师居之。又敕迁杭之圣因寺。道扬德化。维时盛焉。在京与王大臣说法小参。均载《御选语录·当今法会》中。世寿七十二岁。生于康熙甲辰十一月初五日。寂于雍正乙卯二月二十八日。塔于禾城北郊之庐山广仁寺。

附录

南屏系七十一世圣因明慧禅师

师。讳超盛。[illegible]人。[illegible]林[illegible]。

[illegible]（[illegible]）[illegible]。入[illegible]其[illegible]。[illegible]所。[illegible]。[illegible]。

雍正癸丑。奉旨召入。隆恩赐紫。特封[illegible]禅师之号。[illegible]寺。御书[illegible]

讲寺。命师居之。又敕住杭州圣因寺。道扬德化。钦赐御书。有内廷王大

臣说法小参。拈颂《御选语录·当今法会》中。世寿七十二岁。生于康熙

甲辰十一月初五日。示寂于雍正乙卯二月二十八日。塔于禾城北郊之原山下

行本。

赞曰

岂重诗文。专钦道德。七秩之年。尚未付拂。

恭遇圣君。块然无物。御选录中。一麟实出。

后记

自从二〇一九年三月九日召开第一次《续嘉兴藏》编委会会议以来，至今已经四年半了。在这四年半里，我们完成了《续嘉兴藏·省庵法师卷》与《续嘉兴藏·天慧彻禅师语录》《新续嘉兴藏·玉琳通琇禅师卷》的出版，并陆续整理出了十多位禅师的语录底本。去年，相关专家提出应将丛书名《续嘉兴藏》改为《新续嘉兴藏》，以示与历史上的《嘉兴藏》中的续藏作区别，多数编委们集体讨论后，同意改丛书名《续嘉兴藏》为《新续嘉兴藏》。

丛书改名是个大事。从历史源流看，《嘉兴藏》是先作正藏、续藏，再作又续藏，后人把《正藏》《续藏》《又续藏》合称为《嘉兴藏》。所以，当初我们命名为《续嘉兴藏》时，志在承续整个《嘉兴藏》，这个《嘉兴藏》

后记

自从二〇一九年三月九日在北京第一次《续嘉兴藏》编委会会议以来，至今已经四年半了。在这四年半里，我们完成了《续嘉兴藏·首愚法师录》及《续嘉兴藏·天隐修禅师语录》《新续嘉兴藏·玉林通琇禅师录》的出版。并依续藏整理出了十多位禅师的语录底本。去年，但兴圣寺根据出版将这书名为《续嘉兴藏》改为《新续嘉兴藏》，以示与历史上的《嘉兴藏》中的续藏作区别。多数编委们集体讨论后，同意改这书名《续嘉兴藏》为《新续嘉兴藏》。这书改名是个大事。从历史源流看，《嘉兴藏》是未来作正藏、续藏，其作为续藏。后人把《正藏》《续藏》《又续藏》合称为《嘉兴藏》。所以书名我们命名为《续嘉兴藏》时，它在承续整个《嘉兴藏》。这个《嘉兴藏》

发扬传承，发扬心推崇，本书付出了心血和精力。

金宝法师、张文良教授、叶康宁居士、朱一鸣居士，为本书的出版发扬推崇，

国家出版分社李俊分社长、胡百涛编辑为此书付出了大力支持。谢宗法师、

嘉兴市民宗局原局长陈国华、社会科学文献出版社人文分社宋月华分社长，

是不容易的。本书能够顺利出版，是因为得到谢立居士、谢运活居士等人的支持。

在古代，编这个佛教的经典集编工作是不容易的。出版这套系列丛书也

两个名字的含义，都有其合理性。

更清楚了。所以，现在我们的这本书有了新名字——《新续嘉兴藏》。我们认为

嘉兴藏的续藏与历史上的续藏产生混淆，不若改名为《新续嘉兴藏》。这样，就

回括了正藏、续藏、又续藏。但本书大部分是今人。今后我们现在编

包括了正藏、续藏、又续藏。但专家认为，或许当今的人，会把我们现在编纂的续藏与历史上的续藏产生混淆，不如改名为《新续嘉兴藏》。这样，就更清楚了。所以，现在我们的丛书有了新名字——《新续嘉兴藏》。我们认为两个名字的命名，都有其合理性。

在当代，做这个佛教的经典结集工作是不容易的，出版这套系列丛书也是不容易的。本书能顺利出版，是因为得到浙江省民宗局、浙江省佛教协会、嘉兴市民宗局原局长陈国华，社会科学文献出版社人文分社宋月华分社长、国际出版分社李延玲分社长、胡百涛编辑等热心人士的大力支持。贤宗法师、圣凯法师、张文良教授、叶康乐居士、郑一增居士，为本书的出版或积极斡旋，或积极奔走，或诚心推荐，奉献了心力与精力。

本书的校勘，以郑一增居士、叶康乐居士为主，李傲儿居士、赵娜居士参与了校勘。胡百涛编辑，作为本书出版社方的责任编辑，十分负责，多次与编纂方交流沟通，一起解决了断句中碰到的疑难之处。

在后记中，我也想谈谈为什么我们会编纂这套《续嘉兴藏》，以及为什么会采取简体字加标点来作这套佛教经典的结集。

我们知道，明末四大高僧之一——紫柏尊者开始编纂《嘉兴藏》时，他非常注重《嘉兴藏》未来的流通便利性。

紫柏大师在《刻藏缘起》中说：『嘉隆间，袁汾湖（即袁了凡）以大法垂秋，僧曹无远虑，不思唐宋之世，大藏经板，海内不下二十余副。自元迄明，南都藏板，印造者多，已模糊，不甚清白矣。且岁久腐朽。燕京板虽完壮，明，南北藏版，印造普及，已极难，尤甚请白本。且字义深古，燕京版虽完整，垂敕，僧尊无漏处，不思所以也。大藏经版，流布不下二十余回。自元之

紫柏大师在《刻藏缘起》中说：「嘉隆间，袁汾湖（即袁了凡）以大法非常注重《嘉兴藏》本来的流通及刻造。

我们知道，明末四大高僧之一——紫柏尊者开始编纂《嘉兴藏》时，依之会采取简体字而非方来作这套佛教经典的结集。

在后记中，我们也提请读者什么以我们会编纂这套《续嘉兴藏》，以及什与编纂方式流通，一并解决了所向的中途到的疑难之处。

参与了校勘。胡百涛编辑，作为本书出版社方的责任编辑，十分负责，多次

本书的校勘，以郭一清居士，叶康宁居士为主，李淑凡居士、林娜居士

字画清白显朗，以在禁中，印造苟非奏请，不敢擅便。又世故无常，治乱岂可逆定。不若易梵筴为方册。则印造之者价不高，而书不重。价不高，则易印造。书不重，则易广布。纵经世乱，必焚毁不尽。使法宝常存，慧命坚固。譬夫广种薄收，虽遭饥馑，不至饿死。」

紫柏大师写的这段《嘉兴藏》缘起，非常直白地表明了大师编纂刊刻《嘉兴藏》是为了在社会上广泛流通佛法，而不是刻好后，让它束之高阁就了事。紫柏大师说：唐宋流传下来的《大藏经》，虽然还剩下二十余副（套），但是，大多已经模糊不清，而质量较好，字迹清楚的，又被皇帝放在紫禁城，老百姓也看不到，我们也不敢去请阅。再说：世间万法无常，有太平时，也有战乱时。作为佛弟子，应该努力让《大藏经》在世间流通起来，让经典走入千家万户。

这样，即使有战争，佛经也不会被毁灭。所以，紫柏大师提出：不若易梵筴为方册。在紫柏大师看来，修藏，是为了让法宝走入千家万户，从而在最大程度上促进正法常驻。

当年，紫柏大师的弟子密藏道开刚开始也不是很理解此事，曾问紫柏大师道：『易梵筴为方册，则不尊重，无乃不可乎？』——意思是说：方册本显得不尊重佛经，还是应该采取梵筴本。

紫柏这样答复密藏道开：『金玉尊重，则不可以资生。来麦虽不如金玉之尊重，然可以养生。使梵筴虽尊重，而不解其意，则尊之何益。使方册虽不尊重，以价轻易造，流之必博。千普万普之中，岂无一二人解其义趣者乎？』

紫柏的意思是：梵筴本果然很庄严，像金玉。但是金玉不能吃，能吃的

是米麦。方册本就像米麦，能被千家万户受用。读得多了，总有一二个人能明白佛经的真意，这就起到了促进正法常驻的作用了。

后来密藏道开听了紫柏大师的话，泣涕俱下，跪而发誓曰：『谨奉和尚命，若有人舍三万金刻此藏板者，道开愿以头目脑髓供养是人。』

从上述的历史事实，我们可以确定，紫柏尊者非常注重《嘉兴藏》的流通性。他把能流通的《大藏经》比喻为米麦，把不能流通但很华贵的《大藏经》比喻为金玉。金玉虽贵重，米麦虽便宜，但能滋养身体的，还是米麦，而不是金玉。

此次，由贤宗法师领导的《新续嘉兴藏》，也继承了这一精神。

贤宗法师在与我们的探讨中提出，此次我们作续藏，应当把繁体字改成简体字，并加标点，以方便现代人阅读与理解。此乃贤宗法师有鉴于存世的《大藏经》都是用繁体出版，且不加标点，令普通人难以阅读。当然，现在中国年轻人中读过大学的很多，但即使是大学生，面对不加标点的繁体版，读起来，也是费劲的。所以，当贤宗法师提出作简体版，以方便佛经经典的流通时，编委们在经过讨论后，达成了共识：应当出简体本，这既方便了大家的阅读，也符合国家在文字政策上的导向。

这就是我们所编纂的《新续嘉兴藏》采用简体本的缘起。贤宗法师继承了紫柏尊者的理念：希望能让更多的人读得懂，学得进。

单册流通，是《大藏经》刻印历史中，《嘉兴藏》首先开创的一种流通方式，通过这种方式，读者不需要请阅整部《大藏经》，而可以选择请阅其中的一部著作，这样，使得读者更容易接触到《嘉兴藏》中的经典著作。我们这次编著作，这样，使读者更容易接触到《嘉兴藏》中的经典著作。我们这次通过这种方式，读者不需要请阅整部《大藏经》，而可以选择其中的一单册流通，是《大藏经》刻印历史中，《嘉兴藏》首先开创的一种流通方式，了繁指尊者的理念：希望能让更多的人读释藏，学释进。

这就是我们所编纂的《新编嘉兴藏》采用简体本的缘起。贤宗法师解释也符合国家在文字政策上的导向。

编委们在经过讨论后，达成了共识：应当出简体本。这既方便了大家的阅读，来，也是贯彻的。所以，贤宗法师提出以简体版，以方便佛经经典的流通中。年被入中藏过大部的很多。但印版是大字本，面对不加标点的繁体版，读起藏经》都是用繁体字版，且不加标点，令普通人难以阅读。当然，现在中国也采取了这种方式，即单本书申请资助的方式，来推进整个项目。随着项目的展开，相信三十年后，[illegible]大发展。

本书的出版，得到了[illegible]等先生以及[illegible]，北京[illegible]，上海[illegible]公司，[illegible]基金会，[illegible]基金会，[illegible]的资助，上述[illegible]基金会[illegible]，对本书进行慷慨资助。[illegible]我们一并表示深深的感激之情。

编者

二〇二三年九月十日

也采取了这种方式，即单本印刷流通的方式，来推进整个项目。随着项目的展开，相信二十年后，聚拢一望，丛书也是洋洋大观矣。

本书的出版，得到了邱琴芳、戴寒珍、赵雪梅、雷小丹、中鸣、赵品红、净祥、郑赞航、胡琙奕等热心居士以及上海虚极企业管理咨询有限公司、北京昊园浙江鼎林防伪科技有限公司、上海互进建筑工程有限公司、心之力基金、喜舍基金、锦泓基金等单位与基金，通过浙江香海慈善基金会，对本书进行鼎力资助，上述居士与公司、慈善基金是『以资财振法鼓』的实践者，在此，我们一并表示深深的感激之情。

编者

二〇二三年九月十日

ISBN 978-7-5228-1723-1

Ⅰ. ①新… Ⅱ. ①新… Ⅲ. ①佛教－宗教经典－中国
Ⅳ. ①B94

中国国家版本馆CIP数据核字(2023)第072270号

新续嘉兴藏 · 茚溪行森禅师楚云明慧禅师合卷

编　　者 / 《新续嘉兴藏》编纂委员会

出 版 人 / 冀祥德
组稿编辑 / 宋月华
责任编辑 / 胡百涛
责任印制 / 王京美

出　　版 / 社会科学文献出版社 · 人文分社（010）59367215
地址：北京市北三环中路甲29号院华龙大厦　邮编：100029
网址：www.ssap.com.cn
发　　行 / 社会科学文献出版社（010）59367028
版式设计 / 杭州九溪文化传播有限公司
印　　装 / 杭州萧山古籍印务有限公司

规　　格 / 开　本：889mm×1194mm　1/16
印　张：11.75　字　数：64千字
版　　次 / 2023年10月第1版　2023年10月第1次印刷
书　　号 / ISBN 978-7-5228-1723-1
定　　价 / 680.00元

读者服务电话：4008918866

ISBN 978-7-5228-1723-1

Ⅰ. ①新… Ⅱ. ①新… Ⅲ. ①佛教－宗教经典－中国
Ⅳ. ①B94

中国国家版本馆CIP数据核字(2023)第072270号

新续嘉兴藏·苕溪行森禅师楚云明慧禅师合卷

编　　者／《新续嘉兴藏》编纂委员会

出 版 人／冀祥德
组稿编辑／宋月华
责任编辑／胡百涛
责任印制／王京美

出　　版／社会科学文献出版社·人文分社（010）59367215
　　　　　地址：北京市北三环中路甲29号院华龙大厦　邮编：100029
　　　　　网址：www.ssap.com.cn
发　　行／社会科学文献出版社（010）59367028
版式设计／杭州九溪文化传播有限公司
印　　装／杭州蒋山古籍印务有限公司

规　　格／开　本：889mm×1194mm　1/16
　　　　　印　张：11.75　字　数：64千字
版　　次／2023年10月第1版　2023年10月第1次印刷
书　　号／ISBN 978-7-5228-1723-1
定　　价／680.00元

读者服务电话：4008918866